Philo-philo

Collection dirigée par Jean-Pierre Zarader

Bergson

Arnaud François

Agrégé et docteur en philosophie
ATER à l'université Lille III – Charles-de-Gaulle
Chargé de cours à l'École normale supérieure
Lettres et sciences humaines

Dans la même collection

Hannah Arendt par Anne Amiel
Aristote par Pierre Rodrigo
Austin par René Daval
Avicenne par Souâd Ayada
Walter Benjamin par Gérard Raulet
Bentham par Jean-Pierre Cléro
Berkeley par Roselyne Dégremont
Bodin par Simone Goyard-Fabre
Cassirer par Pierre Quillet
Comte par Juliette Grange
Descartes par Thierry Gontier
Diderot par Éliane Martin-Haag
Dumézil par Michel Poitevin
Fichte par Bernard Bourgeois
Gadamer par Guy Deniau
Hegel par Bernard Bourgeois
Hobbes par Jean Terrel
Hume par Philippe Saltel
Hans Jonas par Olivier Depré
Kant par Joël Wilfert

Kierkegaard par Hélène Politis
Lacan par Jean-Pierre Cléro
Locke par Jean-Pierre Cléro
Machiavel par Jean-Yves Goffi
Malebranche par Denise Leduc-Fayette
Marx par Gérard Raulet
Merleau-Ponty par Renaud Barbaras
Montesquieu par Simone Goyard-Fabre
Nietzsche par Pierre Héber-Suffrin
Pascal par Pierre Magnard
Platon par Jean-François Pradeau
Rousseau par Éric Blondel
Saint-Simon par Juliette Grange
Sartre par Philippe Cabestan et Arnaud Tomès
Schelling par Emmanuel Cattin
Schopenhauer par Jean-Paul Ferrand
Éric Weil par Patrice Canivez
Simone Weil par Emmanuel Gabellieri

ISBN 978-2-7298-3720-4
©Ellipses Édition Marketing S.A., 2008
32, rue Bargue 75740 Paris cedex 15

Le Code de la propriété intellectuelle n'autorisant, aux termes de l'article L. 122-5.2° et 3°a), d'une part, que les « copies ou reproductions strictement réservées à l'usage privé du copiste et non destinées à une utilisation collective », et d'autre part, que les analyses et les courtes citations dans un but d'exemple et d'illustration, « toute représentation ou reproduction intégrale ou partielle faite sans le consentement de l'auteur ou de ses ayants droit ou ayants cause est illicite » (art. L. 122-4).
Cette représentation ou reproduction, par quelque procédé que ce soit constituerait une contrefaçon sanctionnée par les articles L. 335-2 et suivants du Code de la propriété intellectuelle.

www.editions-ellipses.fr

À la mémoire de ma mère

Sommaire

- Lire Bergson aujourd'hui...7

NOTIONS

- La durée...13
- L'espace, la matière...17
- Le mouvement. Le simple..23
- La conscience..27
- La mémoire...31
- L'intuition...37
- L'élan vital..45
- Le possible..49
- La vérité..55
- L'émotion..65
- L'histoire...75

TEXTES COMMENTÉS

- *La durée*...82
- *La conscience*..86
- *La mémoire*...88
- *Le possible*..92
- *L'intuition*...96

L'élan vital, le simple 100
Théorie de la différence : les « articulations du réel » 102
Genèse et généalogie de l'idée de néant 104
La morale 108
La liberté 112

- Vocabulaire 117

- Bibliographie 127

Lire Bergson aujourd'hui

Présenter la philosophie de Bergson en 2007 — cent ans après la parution de *L'évolution créatrice* — ne peut signifier la même chose que de la présenter en 1930, en 1960 ou en 1990, encore moins dans une illusoire intemporalité, et cela précisément pour des raisons que nous a enseignées Bergson, à savoir l'immanence de la temporalité d'une pensée, donc aussi, en partie, de sa réception, à sa propre rationalité. Car la réception de cette philosophie est, sans conteste, une des choses dont elle a le plus pâti : à une période de « gloire » universelle a succédé une période, sans doute plus longue encore, de décri ou même d'oubli pur et simple, tout aussi universels. Sans doute le moment est-il venu, une fois constatée la corrélation pour ainsi dire nécessaire entre ces deux phénomènes et périodes de réception, d'en venir enfin à la lecture d'une *œuvre*, et à la prise en compte de ce qu'elle peut apporter de profondément novateur à la philosophie d'aujourd'hui.

Il est d'autant plus difficile de faire abstraction du contexte de réception de la philosophie de Bergson, et des exigences actuelles que ce contexte impose, que le mouvement de renouveau de la lecture de cette philosophie, tant en France qu'à l'étranger, est déjà engagé, grâce à l'impulsion donnée, dès le milieu des années 1990, par Frédéric Worms[1].

Ces considérations sont destinées à expliquer la *structure* que nous avons choisie de donner au présent ouvrage : non pas une présentation par *livres*, dans leur succession chronologique, de la pensée de Bergson — ce qui est absolument légitime s'agissant d'une pensée du temps, et fut admirablement

---

1. La volonté d'en revenir au bergsonisme considéré enfin comme une *œuvre* se manifeste, notamment, par la publication, selon un programme qui s'étendra jusqu'en 2011, de la première édition critique des œuvres de Bergson aux Presses universitaires de France, sous la responsabilité scientifique de Frédéric Worms. En 2007 paraissent l'*Essai sur les données immédiates de la conscience* (éd. Arnaud Bouaniche), *Le rire* (éd. Guillaume Sibertin-Blanc) et *L'évolution créatrice* (éd. Arnaud François).

fait, récemment encore par Frédéric Worms —, mais bien une présentation par *thèmes*, c'est-à-dire par lignes ou points de force, par foyers problématiques, ceux-ci se voulant les lieux où la philosophie trouverait le plus de profit, nous semble-t-il, à venir s'alimenter aujourd'hui[1]. Ce qui explique sans doute, dans une certaine mesure, non seulement la difficulté de certains passages de notre texte — qui tient à ce que nous avons voulu faire bénéficier l'étudiant, au sein d'une présentation qui demeure générale, des derniers acquis de la recherche sur Bergson —, mais aussi le passage au second plan de certains aspects que nous avons cru être en droit de considérer comme « mieux connus » au sein du bergsonisme. Les thèmes sont pourtant, euxmêmes, ordonnés selon leur ordre d'apparition chronologique dans l'œuvre : mais on constatera aisément que cet ordre chronologique est bien le seul ordre rationnel, conformément à l'inspiration, telle qu'elle fut déjà évoquée, de la philosophie de Bergson, puisque l'ordre chronologique correspond à l'ordre d'engendrement des problèmes les uns par les autres, c'est-à-dire à une création qui est en même temps prolongement et actualisation du passé dans le présent en vue d'un avenir.

Mais les aspects novateurs du bergsonisme correspondent, le plus souvent, aux *difficultés* que peut rencontrer le lecteur dans la confrontation avec les textes. Il y a là une nécessité, puisqu'une philosophie n'est originale que lorsqu'elle contraint à déformer les cadres habituels de la pensée. Mais ces difficultés furent, le plus souvent, prises pour des flottements dans la rédaction de textes qui, par ailleurs, se sont trop souvent signalés par leur style « limpide », et c'est pourquoi on n'a sans doute que rarement attribué à ces difficultés toute l'attention qu'elles méritaient pourtant. De sorte que deux tâches s'imposaient à nous : d'une part, comme nous le permettait la collection « Philo-philosophes », proposer, après l'exposition des foyers problématiques majeurs du bergsonisme, une série d'explications de textes (ainsi seulement le bergsonisme pourrait-il enfin, comme nous le demandions

---

1. Worms, Frédéric, *Bergson ou les deux sens de la vie*, Paris : PUF, coll. « Quadrige », 2004, 360 p. Du reste, dans le cas d'un philosophe comme Bergson, la présentation par *livres* est nécessairement aussi une présentation par *thèmes* ou par *problèmes* ; et l'inverse vaut aussi.

plus haut, être considéré comme une *œuvre*) ; mais d'autre part, puisque la visée de l'exposition par thèmes et celle des explications de textes coïncident en ce que toutes deux consistent à dégager des *problèmes*, et que la séquence d'explications de textes ne saurait être redondante, malgré certains recoupements nécessaires (soulignés par certains des titres que nous donnons aux explications), avec celle qui est consacrée aux notions — comme si les textes devaient simplement « illustrer » un propos dogmatique tenu d'abord —, nous avons dû répartir les problèmes bergsoniens pour ainsi dire en deux catégories, et nous demander lesquels demandaient plutôt à être exposés *sous forme de notions*, lesquels au contraire exigeaient d'être présentés *sous forme de textes*. Mais il ne saurait y avoir de solution de continuité entre les deux premiers moments de notre ouvrage, tous deux visant, encore une fois, à dégager, conformément à l'exigence constante du philosopher bergsonien lui-même, des *problèmes*. Enfin, le lecteur plus averti remarquera sans doute une certaine volonté délibérée, justifiée, croyons-nous, par l'ensemble des considérations que nous venons de présenter, de ne pas choisir pour l'explication les textes *canoniques* de Bergson, les textes de manuel, qui sont devenus tels, sans doute, en raison de l'absence, seulement apparente, de *difficultés* en leur sein.

Un lexique, en dernier lieu, vient compléter l'ouvrage. Il nous était impossible de prétendre à doubler le *Vocabulaire de Bergson* proposé, chez le même éditeur, par Frédéric Worms[1]. C'est pourquoi nous avons choisi, d'une part, de nous limiter aux notions ou images *forgées* par Bergson (élan vital), ou auxquelles Bergson a donné un tout nouveau sens (durée, intuition), en laissant de côté celles, plus classiques dans l'histoire de la philosophie, sur lesquelles il en est venu à *se prononcer*, d'une manière originale, fort des acquis de sa propre doctrine (liberté, mémoire) ; d'autre part, nous avons choisi de ne pas présenter de *définitions* des notions bergsoniennes, mais au contraire de brèves *explicitations*, qui reprennent les éléments des deux premières parties de l'ouvrage et sont destinées, surtout, à aider le lecteur à

---

1. Worms, Frédéric, *Le vocabulaire de Bergson*, Paris : Ellipses, coll. « Vocabulaire de… », 2000, 63 p.

se repérer dans les développements de celui-ci, mais aussi et d'abord dans les difficultés du texte de Bergson lui-même, en évitant, si possible, les principaux écueils qu'il contient. Ainsi espérons-nous contribuer, non seulement par ce lexique, mais aussi par le livre dans son ensemble, à permettre aux lecteurs de Bergson de se trouver un peu plus facilement, dans les prochaines années, *de plain-pied* avec la nouveauté et la radicalité de cette philosophie.

Nous ajoutons, pour des raisons qui paraîtront claires à présent, une courte bibliographie, qui renverra le lecteur d'une part aux *livres* de Bergson, d'autre part aux principales études critiques, avec un accent particulier sur les publications récentes, qui ont jalonné la *réception* de cette philosophie.

NOTIONS

La durée

La durée est la première notion bergsonienne, c'est-à-dire à la fois le point de départ de la philosophie de Bergson, et la notion à laquelle il est toujours revenu.

On a beaucoup insisté sur la continuité de la durée bergsonienne. Mais il reste à savoir ce qu'il faut entendre exactement par « continuité ». Car il est tout aussi vrai, et tout aussi conforme aux textes, de dire que la durée est hétérogénéité, et c'est ce point que Bachelard, par exemple, a manqué, dans sa critique de la durée bergsonienne comme continuité indifférenciée[1]. La durée est continuité et hétérogénéité ou création, et c'est en cela qu'elle est un concept philosophique, c'est-à-dire le corrélat d'un problème. Même, la durée est continuité parce qu'elle est hétérogénéité, et inversement. Ce point exige quelques explications : la durée demande à être comprise dans son opposition à l'espace, et l'espace est à la fois homogène, au sens où aucune partie ne diffère des autres en nature, et discontinu, au sens où chacune des parties que nous y découpons est extérieure aux autres. La durée prend les caractères inverses : ses parties ne sont pas extérieures les unes aux autres, et c'est pourquoi elles peuvent, néanmoins, trancher radicalement les unes sur les autres.

Il apparaît donc clairement que la continuité de la durée n'est pas l'unité indivise de l'Un parménidien. Une telle unité est précisément ce que Bergson cherche à récuser par son concept de durée. Bergson refuse l'opposition de l'unité et de la multiplicité, au profit d'une opposition radicalement nouvelle, celle qu'il forge, dès le chapitre central de l'*Essai sur les données immédiates de la conscience*, entre deux multiplicités, la multiplicité distincte, l'espace, et la multiplicité indistincte, la durée. Au point de rencontre entre ces deux

---

1. Bachelard, Gaston, *La dialectique de la durée* (1936), Paris : PUF, coll. « Quadrige », 3e éd., 2001, 150 p.

notions se trouve ce qu'il arrive à Bergson, surtout dans l'*Essai*, de nommer le « temps homogène », celui dont ne peut pas ne pas user la science, et qui n'est rien d'autre, au fond, qu'une quatrième dimension de l'espace.

Disons que la durée est une synthèse active immanente. Elle est une synthèse, parce qu'elle retient ou conserve ses moments, pour les prolonger les uns dans les autres en un mouvement ininterrompu vers l'avenir. Si elle ne conservait pas ses moments, alors elle ne pourrait être continuité, elle ne se distinguerait pas de l'espace, car elle serait une série de parties données les unes à côté des autres. Cette synthèse est active, ou la durée est un acte, parce qu'avec elle, quelque chose se fait, c'est-à-dire qu'elle n'est pas tout entière donnée dès le départ. Elle est ce qui se fait, dit Bergson, et même « ce qui fait que tout se fait[1] ». Ou encore, la durée se définit comme le « se faisant », par opposition au « tout fait », et dans cette première expression, ainsi que le remarque Frédéric Worms, « le participe présent et le réfléchi sont inséparables[2] ». Enfin, la synthèse active qu'est la durée est immanente, car elle ne peut pas s'exercer de l'extérieur par rapport aux moments qui la composent : si tel était le cas, si Bergson admettait une sorte d'ego transcendantal par hypothèse opposé aux parties de temps sur lesquels il opérerait, alors celles-ci seraient incapables de durer, parce qu'elles seraient données d'emblée comme radicalement distinctes les unes des autres, et l'ego lui-même ne durerait pas, puisqu'il aurait, précisément, pour fonction de faire la durée au sein de ce qui est extérieur à lui. Tel est le sens de l'opposition principielle, dès l'*Essai*, de Bergson à Kant, pour qui le temps est une forme *a priori* de la sensibilité[3], telle est la raison pour laquelle la théorie bergsonienne du temps

---

1. « Mouvement rétrograde du vrai », in *La pensée et le mouvant*, p. 3.
2. Worms, Frédéric, « La conception bergsonienne du temps », in *Philosophie*, t. LIV : *Henri Bergson*, 1er juin 1997, p. 79, repris in Schnell, Alexander (éd.), *Le temps*, Paris : Vrin, coll. « Thema », 2007, p. 189. Ces développements doivent énormément à Frédéric Worms, qui fut le premier, notamment dans l'article auquel nous renvoyons, à montrer bien des aspects sur lesquels ils insistent.
3. Selon la première édition de la *Critique de la raison pure*, toutefois, le sujet transcendantal est donné lui-même, dans l'acte d'aperception originaire, sous la forme du temps comme « sens interne ». Cf. Kant, *Critique de la raison pure*, « Déduction transcendantale des concepts purs de l'entendement », Première édition, § 25.

demeure inassimilable à la doctrine présentée par Husserl dans les *Leçons pour une phénoménologie de la conscience intime du temps* (1905), dont elle est pourtant parfois si proche[1]. Mais alors, nous nous trouvons face à un paradoxe, qui est une autre figure de celui même, mentionné plus haut, qui constitue la durée : celle-ci est une synthèse, c'est-à-dire qu'elle réunit bien des moments distincts les uns des autres ; mais ces moments sont constitués comme tels, c'est-à-dire, notamment, comme distincts, dans l'acte même par lequel ils sont retenus — ou conservés — et prolongés, c'est-à-dire fondus, les uns dans les autres. La durée est donc, pour tout résumer, une synthèse active immanente entre des moments qu'elle constitue comme tels dans le mouvement par lequel elle les prolonge.

Mais alors, si la durée est un acte, c'est-à-dire, identiquement, si elle est faite ou *se fait*, alors elle se distingue, du tout au tout, du « temps en général » dont parlent le sens commun, puis la science selon Bergson (sous la forme de ce qu'il appelle le « temps homogène »), et qui serait le même pour tous. Une erreur de lecture constamment réitérée, et que Bergson, pourtant, a pris lui-même la peine de prévenir, consiste à croire que la saisie de la durée, ce que le philosophe appellera plus tard « intuition », réside dans une contemplation seulement passive, et qu'on puisse se rapporter au temps « comme un pâtre assoupi regarde l'eau couler », selon un vers que le philosophe reprend à Musset[2]. Mais tout au contraire, chacun fait le temps pour son propre compte — et voilà le fondement de la notion bergsonienne d'individualité. Il en résulte qu'il ne saurait y avoir un seul temps, véritable contenant universel, mais seulement une *pluralité* de durées, qui est à la fois une pluralité d'actes. Ce point, qui a remarquablement été mis en lumière par Frédéric Worms[3], est souligné au quatrième chapitre de *Matière et*

---

1. Nous étofferons un peu ce point dans une de nos explications de texte.
2. « Introduction à la métaphysique », in *La pensée et le mouvant*, p. 206 ; cf. Musset, *Rolla*, II, v. 11.
3. « Seuls les actes ont des degrés ou des intensités : si la durée "était" le flux du temps comme tel, comment pourrait-on y chercher des différences ? Mais inversement, si "la" durée désigne, non pas une chose, telle que le temps, mais l'acte toujours individuel par lequel celui-ci est retenu et prolongé dans une conscience, alors on comprend non seulement qu'il puisse y avoir des différences de degré ou de rythme, mais surtout que

mémoire, et formulé selon l'image du rythme, elle-même corrélative de la notion, que nous examinerons plus loin, de tension : « En réalité, il n'y a pas un rythme unique de la durée ; on peut imaginer bien des rythmes différents, qui, plus lents ou plus rapides, mesureraient le degré de tension ou de relâchement des consciences, et, par là, fixeraient leurs places respectives dans la série des êtres. Cette représentation de durées à élasticité inégale est peut-être pénible pour notre esprit, qui a contracté l'habitude utile de substituer à la durée vraie, vécue par la conscience, un temps homogène et indépendant[1] ». L'idée selon laquelle un temps réel est incapable d'être unique, parce qu'un temps unique serait un contenant ou un milieu, donc de l'espace, et non pas un acte, est à la fois une des plus originales, une des plus difficiles à saisir dans son contexte argumentatif, et une des plus importantes du bergsonisme.

---

chaque différence de degré corresponde à une différence pure, à une différence de nature, à un type de réalité » (Worms, Frédéric, *Introduction à* Matière et mémoire *de Bergson*, Paris : PUF, coll. « Les grands livres de la philosophie », 1997, p. 288-289).
1. *Matière et mémoire*, p. 232-233.

L'espace, la matière

Mais la surprise initiale du bergsonisme réside tout autant dans la découverte de la durée, que de sa distinction avec l'espace : ou plutôt, les deux découvertes sont absolument indissociables, elles constituent la même « surprise[1] ». Et en disant que « le temps n'est pas de l'espace », Bergson est loin, comme on pourrait le croire, d'asséner une platitude, ou de reconduire une position de type, par exemple, kantienne — car la distinction entre le temps et l'espace, sous sa forme nominale, est évidemment une assertion classique de la philosophie, elle figure explicitement dès les premières pages de l'« Esthétique transcendantale » — : sous la plume de Bergson, cette proclamation prend la forme d'une mise en garde, en même temps que d'une contestation à l'égard de toute une tradition qui, à son propre insu, aurait pris le temps pour de l'espace. C'est pour désigner le temps *en tant qu'il se distingue de l'espace* que le philosophe a besoin d'un nouveau mot, à savoir celui de durée. Et en parlant de la distinction entre le temps, devenu la durée, et l'espace, c'est, à proprement parler, à une *création de problème* (et bien plus qu'à une « prise de conscience ») que procède Bergson.

À vrai dire, Bergson a quelque peu varié sur la caractérisation positive de l'espace, et cela est révélateur des *problèmes* propres à une philosophie de la durée. Tout d'abord, l'espace est, au même titre que la durée et le mouvement, un *acte* ; tels sont les trois « actes » de la conscience qu'énumère l'*Essai*[2].

---

1. Nous parlons d'une « surprise », après Frédéric Worms, parce que ce n'est pas en suivant son inclination propre que Bergson en est venu à prendre en compte la réalité de la durée, et partant de la conscience. Celui-ci se voulait au contraire, en disciple de Spencer, mécaniste, et c'est *à son corps défendant*, comme contraint par la nécessité des faits, qu'il a dû reconnaître la distinction entre le temps et l'espace. Ce qui confère à ce point de départ le caractère d'un acte authentiquement *philosophique*, irréductible à toute détermination *psychologique*.
2. *Essai sur les données immédiates de la conscience*, p. 70 ; cf. p. 89.

Dire de l'espace qu'il est un acte, cela signifie, pour Bergson, qu'il n'est pas donné ou reçu avec les choses, mais qu'il est *fait*, et qu'il est fait par notre esprit. Et dans ces conditions, remarque Bergson, on peut dire : « cet acte *sui generis* ressemble assez à ce que Kant appelait une forme *a priori* de la sensibilité[1]. » Mais c'est ici, et dans le cadre du débat décisif avec Kant, que les difficultés commencent.

L'espace, en effet, ressortit pour Kant, en rupture avec Leibniz, au domaine de l'intuition, au sens où il est la forme *a priori* de l'intuition pure, et non au domaine du concept. Or, il arrive à Bergson, tout de suite après avoir souscrit dans une large mesure à la caractérisation kantienne de l'espace comme « forme *a priori* de la sensibilité », de définir celui-ci comme une « conception[2] ». Un passage marque même l'hésitation : l'espace consisterait dans « l'intuition ou plutôt dans la conception d'un milieu vide homogène[3] ». En insistant sur le caractère conceptuel de l'espace, Bergson laisse apparaître une tendance profonde de sa pensée, qui se révélera par la suite, et qui revient à faire de l'espace l'acte même de l'*intelligence*, ou le milieu où elle se déploie et évolue. Toujours est-il que le contexte où prend place cette dernière proposition demande à être considéré, car il contient une distinction qui, précisément, peut nous éclairer sur l'intention véritable de Bergson au moment où il la formule : si l'espace réside dans la « conception » plutôt que dans l'« intuition » d'un milieu vide homogène, c'est, précise-t-il aussitôt, qu'il faut distinguer entre la « perception de l'étendue » et la « conception de l'espace[4] ». La première consiste dans la saisie qualitative de l'extension de notre corps et des objets qui l'entourent, la seconde dans l'appréhension quantitative des rapports locaux que nous entretenons avec les objets, et qu'ils entretiennent entre eux.

Ainsi se fait sentir la volonté bergsonienne, contre la plupart des analyses mêmes de l'*Essai*, de distinguer entre un espace qui serait pure conception abstraite de rapports quantitatifs, et une matière qui serait composée de qua-

---

1. *Essai sur les données immédiates de la conscience*, p. 70 ; cf. p. 177.
2. *Ibid.*, p. 71.
3. *Ibid.*, p. 70.
4. *Ibid.*, p. 71.

lités rencontrées dans l'expérience, analogues de ce point de vue à la durée. L'objet de l'*Essai* étant la distinction de la durée et de l'espace, sa position de fond est le plus souvent tranchée et dualiste : à la « succession sans extériorité réciproque » qu'est la durée, il faut opposer l'« extériorité réciproque sans succession[1] » que serait l'espace. Mais la difficulté surgit aussitôt : comment se fait-il que les objets de mon expérience extérieure ne soient pas donnés tous ensemble, figés dans une éternité définitive ? Il y a, reconnaît Bergson, une « incompréhensible[2] » ou « inexprimable raison[3] » pour laquelle ils sont donnés successivement, comme s'ils tenaient, par un bout, à la durée, pourtant d'abord définie comme durée de ma vie intérieure.

C'est *L'évolution créatrice*, en remarquant que je dois *attendre* que le sucre se dissolve, et en observant que la durée incompressible du processus de dissolution *coïncide* avec mon impatience comme donnée immédiatement vécue, qui achèvera d'attribuer la durée aux corps matériels, il est vrai alors saisis dans leur ensemble, sous la forme de l'*univers*, et non plus sous la forme de systèmes clos artificiellement pour les besoins de la représentation scientifique[4]. Mais dès avant *L'évolution créatrice*, un certain nombre de textes de l'*Essai*, en plus de ceux qui portent sur l'« incompréhensible » ou « inexprimable raison », demandent à être interprétés comme témoignant de cette tendance du bergsonisme, dès le début, à accorder aux choses matérielles une participation à la durée[5]. Cette tendance se fait jour, surtout, et selon un mode particulier, dans *Matière et mémoire*.

Ce dernier livre, en effet, reprend la difficulté au point où l'*Essai* l'avait laissée : étant admis qu'il faut distinguer entre la matière et l'espace — ce à quoi Bergson s'attache dès le premier chapitre du livre —, celui-ci doit-il

---

1. Pour cette opposition, cf. *Essai sur les données immédiates de la conscience*, p. 81.
2. *Ibid.*, p. 157.
3. *Ibid.*, p. 171.
4. *L'évolution créatrice*, p. 9-11, 338-339. *Durée et simultanéité* reprendra ce problème exactement au *même* point, en le considérant comme toujours non résolu, ce qui permet d'y voir une des *inquiétudes* essentielles du bergsonisme. Cf. *Durée et simultanéité*, p. 41-67.
5. Cf. *Essai sur les données immédiates de la conscience*, p. 66-67, sur l'impénétrabilité de la matière ; p. 70-71, sur la distinction entre « conception de l'espace » et « perception de l'étendue » ; et p. 149-164, sur l'analyse de la notion de cause.

être appelé une intuition ou une conception ? Suivant la leçon kantienne, ou plutôt poursuivant le dialogue avec Kant qui, depuis le début, conférait pourtant à la théorie bergsonienne de l'espace son aspect singulier, Bergson fait de l'espace le « schème de la divisibilité indéfinie[1] ». Le schème est, dans l'économie de la *Critique de la raison pure* de Kant, le produit de l'imagination, c'est-à-dire ce qui a à charge d'effectuer la médiation entre l'intuition, qui est de l'ordre de la sensibilité, et le concept, qui relève de l'entendement[2]. À bien des égards, diverses doctrines bergsoniennes semblent inspirées de la doctrine kantienne du schématisme[3].

Toutefois, ce qui donne au schème bergsonien, lorsqu'il s'agit de l'espace, son caractère propre, c'est qu'il est le schème de la « divisibilité indéfinie », autrement dit, qu'il prend son sens, d'emblée, dans le cadre de la distinction de la durée et de l'espace ; et, en second lieu, que ce schème a une signification ou une destination *pratique*, l'opposition entre la spéculation et la pratique prenant la relève de la distinction kantienne entre les choses en soi et les phénomènes, et ayant l'avantage théorique, sur elle, de ne plus établir de frontière définitive et infranchissable. L'espace est en effet, nous dit *Matière et mémoire*, un « filet aux mailles indéfiniment déformables et indéfiniment décroissantes[4] », un « filet infiniment divisé que nous tendons au-dessous de la continuité matérielle pour nous en rendre maîtres, pour la décomposer dans la direction de nos activités et de nos besoins[5] », ce dernier livre étant relayé par *L'évolution créatrice*, qui affirme que de la « forme d'espace »,

---

1. *Matière et mémoire*, p. 232.
2. Cf. Kant, *Critique de la raison pure*, « Du schématisme des concepts purs de l'entendement ».
3. C'est le cas, au premier chef, de la doctrine du « schéma dynamique », présentée en 1902 (« L'effort intellectuel », in *L'énergie spirituelle*, p. 153-190). Cf. Mourelos, Giorgos, *Bergson et les niveaux de réalité*, Paris : PUF, coll. « Bibliothèque de philosophie contemporaine », 1964, 257 p.
4. *Matière et mémoire*, p. 235.
5. *Ibid.*, p. 260.

notre esprit se sert comme d'un « filet aux mailles faisables et défaisables à volonté, lequel, jeté sur la matière, la divise comme les besoins de notre action l'exigent[1] ».

Mais du caractère pragmatique de l'espace bergsonien — on parle de « pragmatisme » à propos d'une représentation dont a été montrée par ailleurs l'origine et la destination *pratiques* — découle la dernière obscurité de cette notion : si l'espace est un schème qui est le pur fait de notre intelligence, ou, dira également Bergson en développant le motif kantien, de notre « imagination[2] », alors comment s'intègre-t-il au monde de la durée ? Pour le dire autrement, la détermination de l'espace comme forme *a priori*, qu'il s'agisse d'une forme de la sensibilité, de l'entendement, ou encore d'un produit de l'imagination, ne constitue-t-elle pas un reliquat de kantisme au sein d'une doctrine qui aura tout fait pour se démarquer de cette philosophie, puisque dès le début, avec la découverte de la durée réelle, elle s'est aperçue qu'elle était en mesure de battre en brèche à l'opposition des phénomènes et des choses en soi ? La difficulté est patente dans *L'évolution créatrice*. En un passage où Bergson entreprend de retracer la genèse de la matière à partir d'une réalité supramatérielle, à savoir, en l'occurrence, la durée comme conscience, l'auteur se demande si ce mouvement de genèse s'est poursuivi, ou aurait pu se poursuivre, jusqu'à l'espace. « À la limite, nous dit-il, nous entrevoyons une existence faite d'un présent qui recommencerait sans cesse, plus de durée réelle, rien que de l'instantané qui meurt et renaît indéfiniment. Est-ce là l'existence de la matière ? Pas tout à fait, sans doute, car l'analyse la résout en ébranlements élémentaires dont les plus courts sont d'une durée très faible, presque évanouissante, mais non pas nulle. On peut néanmoins présumer que l'existence physique incline dans ce second sens, comme l'existence psychique dans le premier[3]. » L'existence psychique « incline », nous dit Bergson avec précision, dans la direction de l'espace, sans jamais pouvoir l'atteindre ou coïncider avec lui. Cela tient justement, dira-t-on,

---

1. *L'évolution créatrice*, p. 203.
2. *Matière et mémoire*, p. 211, 217, 228, 232, 236, 244.
3. *L'évolution créatrice*, p. 202.

au point de départ de la philosophie de Bergson, qui est une distinction radicale, en nature, entre la durée et l'espace. Perdre cette distinction, ce serait perdre tout le bergsonisme.

Mais la postérité de Bergson, sous l'influence, notamment, de la phénoménologie allemande de Husserl et de Heidegger, s'engagera dans la recherche d'une spatialité, et non plus seulement d'une matérialité, qui serait elle-même traversée de qualités, rompant ainsi avec la décision bergsonienne d'opposer définitivement la matière à l'espace. Mais cette direction, qui sera suivie entre autres par Merleau-Ponty[1], il aurait été impossible de l'emprunter si Bergson, notamment dans *L'évolution créatrice*, n'avait posé le problème qui a permis de l'apercevoir.

---

1. Merleau-Ponty, *Phénoménologie de la perception*, p. 70-71, 93-94, 474-475.

Le mouvement. Le simple

La question du mouvement constitue, à vrai dire, le véritable point de départ historique du bergsonisme, c'est-à-dire la question qui a aussitôt conduit Bergson à poser celle du temps. C'est en effet en examinant les apories de Zénon d'Élée sur le mouvement qu'il a été amené à se faire une nouvelle théorie du mouvement, et, directement, du temps. Nous allons voir selon quelle consécution.

Zénon, philosophe grec de l'école d'Élée (490 env.-430 av. J.-C.), prétendait nier l'existence du mouvement ou, peut-être, montrer qu'il n'était pas pensable par l'intellect. Ses arguments sont célèbres. Parmi eux, celui que Bergson discute le plus est celui d'Achille et de la tortue. Achille, personnage mythologique connu notamment pour sa rapidité à la course, est placé en compétition face à une tortue, animal réputé, au contraire, pour sa lenteur. Pour laisser tout de même une chance à cette dernière, on l'autorise à partir un peu en avance sur Achille. Or, remarque Zénon, si la tortue possède une avance, alors Achille, pour rattraper son retard, devra d'abord couvrir la moitié de la distance qui le sépare de son adversaire. Mais pour couvrir cette moitié, il devra, de même, couvrir d'abord la moitié de la moitié, puis la moitié de la moitié de la moitié, etc. On voit qu'il ne pourra jamais rattraper la tortue, parce que la distance qu'il a à couvrir est infinie, au sens précis cependant où elle est divisible une infinité de fois.

Pourtant, remarque Bergson, Achille parvient bien à rattraper la tortue, et c'est de ce fait qu'il faut partir. Zénon affirme l'impossibilité, pour Achille, de rattraper son retard, parce qu'il divise *arbitrairement* le mouvement accompli par Achille, au lieu de considérer que ce mouvement, tel qu'il s'effectue, se compose à chaque fois de *pas d'Achille*, qui sont indivisibles en eux-mêmes et couvrent une distance plus grande que les pas de la tortue. Autrement dit, tout le paradoxe soulevé par Zénon provient de ce que celui-ci applique au mouvement, qui est indivisible selon la quantité, ce qui vaut de l'espace parcouru, indéfiniment divisible quant à lui. Mais le mouvement est *simple*, c'est-à-dire qu'il possède la double propriété d'être indivisible en lui-même, et d'être pourtant fractionnable à l'infini par un regard extérieur que Bergson nomme *intelligence* ; et les positions que le mouvement dépose sous lui, c'est-à-dire l'espace qu'il parcourt, sont, dans le vocabulaire que fixe Bergson, des *vues*, au sens de points de vue pris par notre intelligence sur ce mouvement.

L'opposition entre le simple et les vues connaît une grande fortune théorique, et acquiert une véritable rigueur conceptuelle et terminologique — ainsi qu'une fécondité que nous ne cesserons d'apercevoir —, en 1903, dans l'« Introduction à la métaphysique ». C'est cette opposition, tributaire de celle, décisive pour tout le bergsonisme, entre durée et espace, qui permet à Bergson de proposer, pour la première fois, une « métaphysique » qui rompe avec l'interdiction kantienne de toute spéculation de cette nature, sans pour autant se présenter sous la forme que les post-kantiens, ou idéalistes allemands (Fichte, Schelling, Hegel), lui donnèrent. S'il y a un mouvement simple, en effet, et si les vues que nous prenons sur lui sont uniquement les points de vue que se donne notre intelligence, aidée de la représentation de l'espace, pour préparer notre action sur le mobile, alors la frontière entre la chose elle-même et son apparence n'est pas infranchissable, elle est tracée uniquement par notre pratique ; l'absolu nous est accessible, et c'est la possibilité de cet accès que Bergson nomme « intuition ». La métaphysique est la science qui, suivant une démarche propre que Bergson appelle « intuitive », prétend accéder à l'absolu, c'est-à-dire à la *simplicité* de la chose se mouvant.

Il est vrai, il reste à préciser le statut de la « vue », qui est double dans le bergsonisme. D'une part, nous affirme Bergson, la vue correspond uniquement au point de vue que notre intelligence prend sur la chose, elle est donc une simple représentation, rendue elle-même possible par cette représentation première qu'est l'espace. D'autre part, pourtant, la vue possède bien une réalité, puisque Bergson, à partir d'elle, peut être amené à préciser le statut de la matérialité. Ainsi, dans *L'évolution créatrice*, les parties d'un organe comme l'œil sont bien un ensemble de vues prises sur le mouvement simple que constitue, selon une expression d'abord énigmatique et que nous expliquerons plus loin[1], la « marche à la vision[2] ». Ce qui se joue ici, c'est la décision entre une philosophie des degrés de réalité, qui apercevrait, entre la matière la plus dépourvue de réflexion et la conscience humaine la plus élevée, une série de transitions, celles-ci fussent-elles intensives, et un dualisme qui serait celui du simple et des vues — dualisme qu'il peut arriver à Bergson, toutefois, de rapporter à une tradition néoplatonicienne, elle-même attachée à l'idée de degrés dans la réalité[3]. Disons que le premier modèle est surtout prisé par *Matière et mémoire*, tandis que *L'évolution créatrice*, appuyée sur les acquis de l'« Introduction à la métaphysique », lui substituerait le second. Mais plus gravement, c'est le statut de l'espace dans toute cette philosophie qui est ici discuté : si le monde admet uniquement la distinction binaire entre le simple et les vues, et si la matière est un ensemble de vues prises sur le mouvement simple qu'est la conscience, alors il devient difficile, comme le souhaite pourtant vivement Bergson, de tracer une distinction franche entre la matière et l'espace ; il est vrai, la question n'est guère plus facile dans l'autre option, car s'il est possible de considérer alors l'espace comme un degré inférieur de la matière, et en ce sens distinct d'elle, il faut toutefois maintenir que la matière ne saurait jamais, en poursuivant sa détente, venir coïncider avec l'espace[4]. Un texte de la fin de la carrière philosophique de Bergson, dans le troisième chapitre des *Deux sources*, pose le problème, sans pourtant chercher à le résoudre. Bergson tente de concevoir le rapport entre Dieu comme créateur et le monde comme créé, selon le modèle du simple et des vues, qu'il a constamment mobilisé dans ce dernier ouvrage. Et il tempère aussitôt : « Il est vrai que les actes infiniment nombreux en lesquels nous décomposons un geste de la main sont purement virtuels, déterminés nécessairement dans leur virtualité par l'actualité du geste, tandis que les parties constitutives de l'univers, et les parties de ces parties, sont des réalités : quand elles sont vivantes, elles ont

---

1. Cf. notre section consacrée à des explications de texte.
2. *L'évolution créatrice*, p. 97.
3. *Ibid.*, p. 211, n. 1.
4. *Ibid.*, p. 202.

une spontanéité qui peut aller jusqu'à l'activité libre. Aussi ne prétendons-nous pas que le rapport du complexe au simple soit le même dans les deux cas. Nous avons seulement voulu montrer par ce rapprochement que la complication, même sans bornes, n'est pas signe d'importance, et qu'une existence simple peut exiger des conditions dont la chaîne est sans fin[1]. » Ce texte est clair, au moins en tant que position d'un problème : les vues qui composent la matière sont réelles, au sens où elles ne sauraient être considérées comme de pures représentations, ce que sont en revanche les vues qui composent l'espace. Mais le rapport entre ces deux types de vues reste inéclairci par Bergson. Et celui-ci d'ajouter, immédiatement : « Telle sera notre conclusion[2]. » Le problème de la simplicité, en même temps que celui du mouvement, auquel il est directement lié, demeure donc, d'un point de vue chronologique, le dernier problème bergsonien, lui qui a déjà été, d'un point de vue chronologique également, le premier problème.

---

1. *Les deux sources de la morale et de la religion*, p. 276.
2. *Ibid.*, p. 276.

La conscience

La caractérisation du temps comme acte, et la nécessité d'attribuer cet acte à une instance, pourtant immanente, qui aurait à charge d'opérer la synthèse de conservation, mais aussi de prolongement des parties les unes dans les autres, en quoi le temps *consiste*, conduisent Bergson à parler, et cela dès le titre de son premier ouvrage, d'une *conscience* qui serait identique au temps lui-même. Car la conscience, selon une des thèses les plus précoces, mais aussi les plus difficiles, du bergsonisme, est durée, elle n'est pas « dans » la durée, elle ne « dure » pas à proprement parler, c'est-à-dire si l'on entend le rapport entre conscience et durée comme celui d'un sujet et d'un verbe grammaticaux. Si la conscience était « dans » la durée ou « dans » le temps, celui-ci serait un milieu, donc de l'espace, il serait purement reçu, il ne serait pas fait.

En maintenant la référence à une conscience, Bergson se place délibérément à rebours de toute une tradition contemporaine, notamment allemande (Schopenhauer, Nietzsche, voire Freud), qu'il connaissait pour partie et avec laquelle sa philosophie présente pourtant des affinités : cette tradition s'accordait à faire de la conscience une dimension secondaire de notre existence, voire à lui attribuer le pur et simple statut d'un reliquat théologique. Mais Bergson tient ferme : si le temps n'est pas donné dans les choses, alors il ne peut se trouver que *dans* la conscience, ou plutôt il ne peut être le fait que d'une conscience. Et c'est d'une autre tradition, plus tardive, que Bergson se rapproche, tout en maintenant également sa différence avec elle, d'une manière que nous nous apprêtons à examiner : preuve de l'*irréductibilité* de sa pensée, cette irréductibilité étant toujours le double critère de l'originalité d'une doctrine et de sa fécondité pour la postérité philosophique.

Le XXe siècle vit en effet la contestation, en matière de philosophie de la conscience, de la caractérisation implicite de celle-ci comme d'une véritable *substance*, existant au sein des choses et sur le même mode qu'elles, au profit d'une conception, dite phénoménologique (Sartre, Merleau-Ponty, dans une certaine mesure Heidegger), de la conscience comme *acte* réflexif, lui-même s'opérant sous la condition d'un néant qui médiatiserait le rapport entre ce qui réfléchit et ce qui est réfléchi, étant entendu que le réfléchissant et le réfléchi ne sont que des moments abstraits de cet acte — qui, précisément parce qu'il est réflexif, les unit toujours en s'exerçant. Or, la référence au néant comme tel mise à part, il faut bien reconnaître que Bergson unit ces deux conceptions de la conscience *avant leur dissociation*, ou, est-on tenté de dire, *dans leur dissociation même*, car il présente une solution qui est satisfaisante pour la tradition phénoménologique, au sens très précis où elle peut entrer, sans être disqualifiée d'emblée, en confrontation avec elle.

La conscience, en effet, existe bien au sein de la réalité, puisqu'elle est une force qui y prend part[1], à côté de forces naturelles dont Bergson montre par ailleurs qu'on peut concevoir leur essence par analogie avec la conscience[2]. La conscience est la force par quoi tout se fait, à côté de l'inertie qui règne dans le monde matériel. Et si Bergson tient à ce que la conscience *existe* au sein de la réalité, c'est que son destin a partie liée avec celui du temps, et que le temps est bien, selon le philosophe, ce qu'il y a de plus réel.

Mais à l'inverse, la conscience bergsonienne conserve un élément *réflexif*, et c'est ce point qui a été beaucoup moins mis en lumière par l'exégèse, tant favorable que critique — seul le commentaire deleuzien fait, ici, exception[3]. À cet égard, deux textes sont à mentionner. Le premier se trouve dans l'*Essai sur les données immédiates de la conscience*. Il s'agit pour Bergson de distinguer entre ce que nous appelons subjectif et ce que nous appelons objectif. Il prend pour cela l'exemple d'un sentiment. Or, remarque-t-il, l'acte par lequel nous analysons un sentiment le transforme : cet acte le divise en plusieurs sentiments reliés par une synthèse, et une fois que nous aurons poussé la division, « l'état psychique qui résulte de leur synthèse aura par

---

1. Cf. par exemple « La conscience et la vie », in *L'énergie spirituelle*, p. 13.
2. Dès l'*Essai sur les données immédiates de la conscience*, p. 149-164.
3. Deleuze, *Le bergsonisme* (1966), Paris : PUF, coll. « Quadrige », 1998, p. 35-37.

là même changé[1]. » Ce qui signifie que le sentiment, comme matière ou patient de la division, n'est pas différent de l'acte de division, comme agent de cette division. C'est exactement la structure de la réflexion, celle même du sujet, que Bergson attribue au sentiment, dans un exemple qui s'apparente plutôt au genre de l'introspection, c'est-à-dire de l'inspection de « choses » intérieures. Et dès à présent, on remarque que la réflexion, dans la mesure où elle consiste pour Bergson à diviser des états de conscience, est en même temps spatialisation, tout comme elle est, ajoute-t-il, « actualisation » — en un sens que nous retrouverons plus loin —, puisque faire apparaître des éléments, en tant que tels, au sein d'un sentiment d'abord indivisé, cela consiste à les « actualiser[2] ».

Le second texte se trouve dans *Matière et mémoire*. Bergson s'interroge, cette fois, sur le plus petit espace de temps auquel nous ayons accès par la conscience. Or, remarque-t-il, il y a bien un tel « plus petit espace de temps », puisque nous ne saurions pousser au-delà d'une certaine limite la division de la durée, qui est en même temps notre propre conscience : « Les parties de notre durée coïncident avec les moments successifs de l'acte qui la divise[3]. » Ici encore, nous trouvons la structure de la réflexion, puisque le divisant et le divisé coïncident l'un avec l'autre, et que c'est précisément pour cette raison que nous ne pouvons opérer sur la durée comme sur une matière indifférente. À l'inverse, note Bergson, lorsqu'il s'agit d'espace, on peut pousser la division aussi loin qu'on veut[4]. Toutefois, ici se fait jour, plus encore que dans le texte de l'*Essai*, le lien entre cette conception de la conscience et la théorie bergsonienne du temps : si l'acte de division est impossible au-delà d'une certaine limite, c'est que cet acte a des *moments*, c'est donc qu'il s'exerce lui-même dans le temps, et que la réflexion, contrairement à ce qui est impliqué dans la doctrine cartésienne du cogito, ne s'exerce pas dans

---

1. *Essai sur les données immédiates de la conscience*, p. 62.
2. Pour le vocabulaire de l'actuel et du virtuel en cet usage, cf. *Essai sur les données immédiates de la conscience*, p. 62-63.
3. *Matière et mémoire*, p. 232.
4. *Ibid.*, p. 231-232.

l'éternel[1]. Elle est enracinée dans un temps, et c'est justement la raison pour laquelle elle ne saurait faire qu'elle s'exerce indéfiniment : elle bute contre un temps pur, qui est donné à elle, bien que par un autre aspect, ce temps soit lui-même son fait, en tant qu'il est l'acte de la conscience, ou plutôt en tant que la conscience lui est identique. Ici se trouve sans doute une des origines méconnues de la notion, sartrienne et merleau-pontienne, de cogito préréflexif[2]. Et par cette unification, avant leur dissociation, entre une théorie de la conscience comme *réelle* et comme possédant un pouvoir de réflexion — ou se définissant par ce pouvoir —, c'est bien une des positions les plus originales du bergsonisme qui se révèle, en même temps qu'une de ses plus grandes forces pour la pensée contemporaine.

---

1. Puisque le temps n'est introduit, par Descartes, que dans la *Troisième méditation*, bien après la formulation du cogito.
2. Sartre, *L'être et le néant*, p. 16-23 ; Merleau-Ponty, *Phénoménologie de la perception*, p. 423-468.

La mémoire

Une des difficultés du livre *Matière et mémoire*, celle qui empêche, notamment, d'apercevoir le plan de sa composition, est qu'on ne voit pas la structure fortement binaire, pourtant soulignée par le titre, des analyses qu'il propose. « Matière et mémoire », en effet, c'est matière et esprit. Mais précisément, Bergson ne dit pas « matière et esprit », parce qu'il découvre, dans ce livre, que la détermination fondamentale de l'esprit est d'être mémoire ; et nous sommes ainsi ramenés, d'un coup, au cœur du bergsonisme, puisque définir l'esprit en termes de mémoire, c'est le définir en termes de temps.

La mémoire, en effet, est traditionnellement définie comme la faculté de se rapporter au passé. Mais Bergson ne peut pas accepter cette définition, puisque selon lui, et c'est une des thèses les plus stupéfiantes et les plus importantes de l'ouvrage, le souvenir est le passé lui-même. Non pas un acte de se rapporter au passé, non pas une sorte d'atome ou de cellule psychique qui contiendrait la référence à autre chose qu'à elle-même, mais bien un morceau de passé. Et c'est pourquoi Bergson ne peut pas accepter la présentation matérialiste du rapport entre le cerveau et la mémoire : ce n'est pas, ou pas d'abord, le geste matérialiste en tant que tel qui gêne Bergson, puisque sa philosophie, en bien des sens, peut être caractérisée comme une philosophie de l'immanence — et dans cette mesure, on ne saurait se contenter de dédaigner un bergsonisme réduit à un « spiritualisme », l'usage bergsonien du terme « esprit » ayant de tout autres raisons, et répondant à de tout autres problèmes, que chez des philosophes qui se donnent pour but explicite de sauver la notion d'esprit — ; c'est plutôt l'idée selon laquelle on pourrait trouver dans le cerveau, morceau de présent, la référence à un morceau de passé. Car le cerveau existe, en tant qu'il est matériel, au présent, et ce qu'il s'agit de comprendre, c'est la manière dont nous pouvons, dans l'expérience de la remémoration, nous rapporter au passé. Bergson s'installe donc dans le passé, et caractérise l'acte de se rappeler comme un acte consistant à *revivre* une partie de notre passé, et non seulement à nous le représenter. Et il faut distinguer entre le rappel, qui désigne l'acte par lequel on réintroduit une partie de passé dans la conscience, et le souvenir, qui est cette partie du passé elle-même. Le souvenir n'est pas du psychologique, c'est-à-dire un état ou un acte de la conscience, mais, comme l'a dit Deleuze reprenant Hyppolite[1], de l'ontologique, au sens très précis où il existe indépendamment de la conscience représentative, sur le mode particulier du passé. C'est ce qu'atteste le phénomène curieux du souvenir du présent ou fausse reconnaissance : je puis, lorsque j'ai l'impression d'avoir déjà vécu une situation que je traverse, me rapporter à mon passé sur le mode du présent, c'est-à-dire qu'il faut distinguer entre *ce qu'est* le souvenir, à savoir du passé, et la *manière* dont je me rapporte à lui, à savoir le présent. Nous avons affaire, dans le cas de la fausse reconnaissance, à un souvenir qui porte pourtant la marque caractéristique du présent, et cela prouve bien que présent et passé sont des *marques*, c'est-à-dire des qualités ou des dimensions du temps[2]. Et Bergson peut, au sujet de la dimension du temps qu'est le passé, parler de « passé en général », pour faire sentir que le passé n'est pas seulement un *moment* du temps, auquel succéderait un autre moment du temps que serait le présent, mais qu'il a une existence en tant que telle, différente en nature de celle du présent.

À la distinction en nature entre le passé et le présent se superpose donc, dans l'économie de *Matière et mémoire*, celle entre la perception et le souvenir. Si le souvenir est un morceau du passé, de même, la perception est un morceau du présent, ou plutôt le présent lui-même, et non pas un acte ou une représentation qui viendrait prendre place *dans* le présent ou au sein du présent. C'est le sens, par exemple, de l'affirmation définitive du troisième

---

1. Deleuze, *Le bergsonisme* (1966), Paris : PUF, coll. « Quadrige », 1998, p. 51 ; cf. Hyppolite, Jean, « Bergson », in *Figures de la pensée philosophique* (1971), t. I, Paris : PUF, coll. « Quadrige », 1981, p. 443-498.
2. « Le souvenir du présent et la fausse reconnaissance », in *L'énergie spirituelle*, p. 110-152.

La mémoire

chapitre du livre selon laquelle imaginer, au sens d'avoir des images en général, et notamment des images perceptives — le premier chapitre parle bien de la matière comme d'« images en soi » —, n'est pas se souvenir[1].

Maintenant, le premier chapitre prononce, d'une manière effectivement étonnante et qui a suscité beaucoup de perplexités, l'identité entre la perception et la matière. Tel est le sens de la notion d'image en soi, qui vient d'être mentionnée : les perceptions sont bien des images, puisqu'elles sont données à ma conscience psychologique ou, mieux, qu'elles la constituent et la composent, mais elles existent en soi, en elles-mêmes, c'est-à-dire qu'elles constituent ou composent également la matière. Et on ne saurait accepter ni le réalisme, qui revient à supposer une action causale de la matière, en soi d'un tout autre genre que la perception, sur ma conscience, où naîtraient au contraire les perceptions ; ni l'idéalisme, qui se donne les perceptions mais ne parvient pas à atteindre ou à rejoindre, en dehors d'elles, une réalité qui subsisterait par elle-même. En revanche, le premier chapitre de *Matière et mémoire* cesse d'être énigmatique, mais devient, au sens le plus haut et le plus philosophique du terme, problématique, dès lors qu'on a saisi que la matière est le présent lui-même, et par conséquent la perception, tout comme la mémoire est le passé lui-même, et par conséquent le souvenir. La notion d'image en soi, et l'identification de la perception à la matière, deviennent intelligibles, dès lors qu'on les rapporte à la distinction en nature du présent et du passé, c'est-à-dire à une distinction qui se formule en termes de temps, et se rapporte par conséquent à la question la plus fondamentale de la philosophie de Bergson.

La distinction entre présent et passé recoupe enfin celle entre conscience et inconscient. Bergson passe pour avoir introduit en philosophie, en même temps que Janet et Freud l'introduisaient en psychologie, la notion d'inconscient, prolongeant ainsi un mouvement de pensée qui se poursuivrait de Leibniz à Nietzsche. Mais il faut bien voir que la notion bergsonienne d'inconscient n'a pas une signification d'abord psychologique, mais bien ontologique, au sens qui a été dit plus haut. Si le souvenir est le passé lui-

---

1. *Matière et mémoire*, p. 150.

même, ou plutôt un morceau de passé, et si le rappel est l'acte psychologique par lequel je vais chercher dans le passé un élément que je réintroduis dans ma conscience en le faisant coïncider avec une perception qu'il interprète, alors il en découle que le passé est, par lui-même, inconscient. Les pages que Bergson consacre dans *Matière et mémoire* à l'inconscient[1] participent donc bien de l'approfondissement qu'il a constamment mené de la notion de temps, approfondissement qui est opéré dans la perspective de la dualité entre le présent et le passé, entre la matière et la mémoire.

Mais les quatre distinctions qui viennent d'être mentionnées ne prennent leur sens plein que si on les rapporte à une cinquième, qui est bien effectuée dans *Matière et mémoire*, et dans ce livre plus encore qu'ailleurs : c'est la distinction entre le virtuel et l'actuel, au sens le plus précis, c'est-à-dire le plus modal — au sens où le « virtuel » s'oppose au « possible[2] » —, de ces termes. Le souvenir, tout comme le passé lui-même, est en effet « essentiellement virtuel[3] », et il ne peut reconquérir sa force, c'est-à-dire recouvrer sa vie, qu'en venant coïncider avec une perception, qui est de l'actuel. C'est la signification de toutes les descriptions, souvent imagées, que Bergson donne de l'acte ou de l'*effort* de rappel dans le deuxième chapitre de *Matière et mémoire* : ce qui est rendu impossible dans bien des cas d'aphasie, c'est le processus graduel par lequel un souvenir s'actualise, c'est-à-dire quitte la région de l'inconscient pour venir coïncider avec une perception consciente. Mais ce processus d'actualisation, on l'a compris, est également celui par lequel l'esprit se matérialise, et, surtout, par lequel le passé redevient présent.

Mais alors, Bergson semble contredire à toutes les analyses que nous avons exposées, et qui conduisaient à affirmer des *dualités* au sein de la réalité, à la fois du point de vue ontologique et du point de vue psychologique. C'est qu'il fait jouer ici une dernière notion, qu'il nous reste à élucider et qui est introduite au quatrième chapitre de *Matière et mémoire*.

---

1. *Matière et mémoire*, p. 156-165.
2. Nous reviendrons sur ces questions.
3. *Ibid.*, p. 150.

Les degrés par lesquels on passe du souvenir à la perception, de l'esprit à la matière, de l'inconscient au conscient, du virtuel à l'actuel, et donc enfin du passé au présent, ne sont pas, en effet, des degrés quantitatifs, tels qu'il en existe, dans les philosophies matérialistes, entre la matière et l'esprit, mais des degrés qualitatifs, intensifs ou de *tension*, qui prennent place pour ainsi dire *au sein* des dualités qui ont été mentionnées, et qui par conséquent ne les annulent pas. Ce n'est pas par un retour en arrière, en direction des positions matérialistes qu'il a critiquées, que Bergson en vient à parler de degrés entre la matière et l'esprit ou entre le présent et le passé, c'est au contraire en allant *plus loin* que les dualités qu'il a établies, c'est-à-dire en les approfondissant. La tension dont il est question au quatrième chapitre de *Matière et mémoire* est la tension de la durée elle-même, et elle mesure son *effort* pour accomplir la synthèse, active et immanente, de ses différents moments. Ainsi, on dira que le souvenir perd en tension lorsqu'il vient s'actualiser, bien que le processus d'actualisation constitue lui-même un effort[1]. Et c'est exactement ce que nous dit Bergson, lorsqu'il fait de la matière en général, au quatrième chapitre de *Matière et mémoire*, un degré inférieur, c'est-à-dire détendu, de l'esprit, ou plutôt de la durée elle-même, alors conçue comme esprit[2]. Le troisième chapitre de *L'évolution créatrice* aura à charge d'esquisser une description du processus par lequel la durée perd en tension, là où *Matière et mémoire* avait d'abord *discerné*, c'est-à-dire aperçu comme tels et distingué les uns des autres, les degrés différents de la durée.

Il est vrai, pour finir, que l'application de la théorie de la tension au problème des rapports entre la matière et l'esprit ne va pas sans présenter de difficultés. D'un mot, la plus haute tension se trouve-t-elle au sommet ou à la base du cône par lequel le troisième chapitre de *Matière et mémoire* figure notre vie psychologique dans sa possibilité même de tension et de détente graduelles[3] ? Nous avons vu à l'instant que le processus par lequel

---

1. Nous reviendrons également sur ce point, dans les analyses mêmes que nous consacrerons aux questions du virtuel et du possible.
2. *Matière et mémoire*, p. 226-235.
3. *Ibid.*, p. 167-173.

le souvenir vient coïncider avec la perception constitue un effort, même si la matérialisation constitue plutôt une détente ; plus généralement, Bergson caractérise la base du cône, c'est-à-dire le plan où le moi est le plus éloigné, si l'on peut dire, de la matière, comme figurant un état de rêve, ou de distraction psychologique. Comment cela est-il possible ? Cela signifie-t-il que la matière, figurée par le sommet du cône, corresponde au degré supérieur de la tension ? Ce n'est pas envisageable non plus. Dans *Matière et mémoire*, Bergson adopte une position selon laquelle le degré le plus élevé de tension psychologique se trouve non pas au sommet du cône, non pas à sa base, mais en son milieu, sur les plans intermédiaires figurant « l'heureuse disposition d'une mémoire assez docile pour suivre avec précision les contours de la situation présente, mais assez énergique pour résister à tout autre appel[1] », c'est-à-dire le « bon sens[2] ». *L'évolution créatrice* prendra la décision de placer le plus haut degré de tension dans la spiritualité, et c'est ce qui explique que Bergson puisse alors comprendre, et tenter d'engendrer, la matérialité à partir du phénomène psychologique de la distraction[3] ; mais ce n'est pas, on s'en doute, sans risquer de perdre bien des acquis de la théorie psychologique et ontologique de *Matière et mémoire*, qui peuvent se résumer, dans la perspective présente, à un seul : la possibilité de saisir le processus du rappel comme un processus d'actualisation. À tout le moins, c'est un changement dans le *modèle* général de compréhension psychologique et ontologique des phénomènes de l'esprit qui est imposé par *L'évolution créatrice*.

---

1. *Op. cit.*, p. 170.
2. *Ibid.*, p. 170.
3. *L'évolution créatrice*, p. 201-204.

L'intuition

La notion d'intuition, qui est une des plus connues du bergsonisme, est en même temps une de celles qui a le plus embarrassé les commentateurs, voire celle qui a été le moins bien comprise. Bergson lui-même avoue avoir « longtemps hésité[1] » devant ce terme riche d'une assez longue tradition, et il ne l'introduit en son sens proprement bergsonien qu'en 1903, dans l'« Introduction à la métaphysique ». Trois déterminations négatives, qui reprennent les principaux contresens qui ont été commis sur la notion d'intuition, peuvent rendre possible une première saisie de cette notion.

Tout d'abord, l'intuition s'oppose à la *reconstruction*. Soit l'exemple privilégié du mouvement : lorsque je lève ma main de A en B, je puis toujours, de l'extérieur et selon la visée même de l'intelligence, prendre un ensemble de vues sur ce mouvement, qui seront en nombre virtuellement infini et qui correspondront aux positions que le mouvement traverse. Mais je ne puis assurément pas dire que le mouvement se réduise à ces positions, c'est-à-dire qu'on puisse reconstruire le mouvement à partir des positions. Le mouvement est un acte simple, et je le perçois de l'intérieur comme simple, c'est-à-dire indivisible selon la quantité. Le terme « intuition », d'abord, ne désigne rien d'autre que cette saisie, que chacun de nous peut se donner. Il est incontestable que le mouvement est plus que ses positions, et que nous avons de cela une connaissance spécifique. Or, Bergson remarque que beaucoup de nos appréhensions habituelles de la réalité, mais aussi les appréhensions scientifiques et, souvent, philosophiques que nous nous en donnons, se ramènent à une reconstruction telle qu'il l'a dénoncée dans le cadre de l'analyse du mouvement. L'intelligence, d'abord, n'est rien d'autre que la visée reconstructrice en tant que telle. L'exemple le plus frappant est

---

1. « "Intuition" est d'ailleurs un mot devant lequel nous hésitâmes longtemps » (« De la position des problèmes », in *La pensée et le mouvant*, p. 25).

donné par *L'évolution créatrice* : nous croyons que la nature, pour produire l'œil du mollusque ou celui d'un vertébré supérieur tel que l'homme, a assemblé des pièces données d'abord, cet assemblage n'ayant pu avoir lieu que selon un plan très compliqué ; mais la nature, nous dit Bergson, n'a probablement pas eu plus de peine à faire un œil que je n'en ai à lever la main[1], c'est-à-dire que l'œil comme machine est un ensemble de vues sur un mouvement essentiellement simple, que Bergson, nous l'avons déjà relevé, appelle « marche à la vision[2] ». Notre intelligence, selon son fonctionnement naturel, « reconstitue l'évolution avec des fragments de l'évolué », ainsi que le dit Bergson, en une formulation célèbre, contre Spencer[3]. Il doit bien y avoir un moyen de saisir l'évolution elle-même, c'est-à-dire de coïncider avec elle ; même, ce moyen existe, puisque nous nous donnons de l'intérieur l'appréhension du mouvement que nous accomplissons ; et c'est ce moyen, mais rien d'obscur, d'étrange ou d'extraordinaire, que Bergson nomme « intuition ».

En deuxième lieu, l'intuition n'est pas un *accès* à une réalité qui nous serait le reste du temps, pour des raisons essentielles ou accidentelles, inaccessible. Elle n'est pas un coup d'œil à la dérobée que l'on jetterait, de temps à autre, sur une réalité qui, de parti pris, se déroberait à nous. Tel est le principe de l'opposition que Bergson tient à marquer entre sa propre intuition et celles de Schelling et de Schopenhauer. Ces dernières, nous dit Bergson, sont des intuitions de l'éternel ou de l'immuable, qui se trouverait pour ainsi dire derrière les apparences mouvantes et temporelles[4]. C'est déjà une certaine compréhension de l'intuition bergsonienne que de noter qu'elle est, quant à elle, intuition du temporel et du mouvant. Mais il convient d'aller plus loin, et de remarquer que le temporel et le mouvant ne peuvent plus se situer au-delà du monde de notre expérience, mais qu'ils sont bien ce monde lui-même. Autrement dit, parler d'une intuition qui porte sur le temporel et sur le mouvant, ce n'est pas seulement changer l'objet de l'intuition, c'est aussi

---

1. *L'évolution créatrice*, p. 92.
2. *Ibid.*, p. 97.
3. *Ibid.*, p. 363.
4. « Mouvement rétrograde du vrai », in *La pensée et le mouvant*, p. 25-27.

transformer sa nature et son exercice mêmes. Ne pas apercevoir cela, c'est se contenter d'accoler l'adjectif « mouvant » à une réalité qu'on continue de penser comme immuable. Il découle de tout cela que l'objet de l'intuition est la réalité même, telle qu'elle se donne à nous. La réalité *est là*, nous n'avons pas à la découvrir ou à la saisir au-delà d'apparences qui seraient autant de voiles entre elle et nous. C'est un peu de la même manière que la matière, au premier chapitre de *Matière et mémoire*, contient en elle-même sa propre saisie, il est vrai d'abord inconsciente[1] : c'est bien ce qu'exprime l'expression, déjà notée, d'« images en soi ». Plus exactement, il y a bien, et Bergson y insiste[2], des « voiles » qui s'interposent entre la réalité et nous ; mais ces voiles n'ont plus rien de définitif ou d'absolu, ils ne nous cachent ou ne nous masquent plus une réalité qui subsisterait derrière eux telle qu'en elle-même : ils sont déposés, nous dit Bergson, par la pratique, c'est-à-dire qu'ils peuvent toujours être soulevés. Ils consistent en un ensemble de représentations intellectuelles, c'est-à-dire spatiales, qui sont sédimentées en nous par les exigences de notre action sur la matière. Pour résumer ce deuxième point, l'objet de l'intuition est un acte temporel, l'intuition est un autre acte temporel, et le problème propre à l'intuition est celui de la coïncidence *sui generis*, ou de l'identité de rythme, entre ces deux actes temporels.

Le troisième point découle du deuxième : si l'intuition n'est pas accès, alors l'acte intuitif n'est pas un acte de *représentation*, au sens où Kant parle d'une représentation qui serait notre rapport à la chose en soi, elle-même située au-delà du champ de notre expérience possible, au-delà de ce qui est là d'emblée. D'une manière parallèle, si l'intuition n'est pas représentation, c'est que la représentation serait reconstruction de l'objet, au sens de la production d'un second objet, qui aurait cette fois l'étoffe d'un acte mental ou d'un contenu psychologique. Dès *Matière et mémoire*, Bergson peut écrire : « il n'y a pas entre le "phénomène" et la "chose" le rapport de l'apparence à la réalité, mais simplement celui de la partie au tout[3] ». Cette assertion

---

1. *Matière et mémoire*, p. 31-34.
2. Cf. par exemple *Le rire*, p. 115-121 ; « Introduction à la métaphysique », in *La pensée et le mouvant*, p. 186.
3. *Matière et mémoire*, p. 259.

suppose, d'une part, la théorie bergsonienne de la perception telle qu'elle est développée dans ce dernier ouvrage, et qui fait de la perception consciente une partie, découpée selon les exigences de la pratique, de ce tout que constitue la matière comme ensemble d'images en soi ; mais elle signifie, d'autre part, la récusation de la distinction kantienne entre phénomènes et choses en soi, qui forme la substance de la notion de représentation chez Kant. Et du même coup, Bergson refuse toute conception de la connaissance en termes de représentation. Certes, il y a bien une différence entre le « phénomène » et la « chose » ; mais elle n'est pas une frontière infranchissable, puisqu'elle dépend des exigences de notre action, et qu'elle n'est pas transcendantale, c'est-à-dire qu'elle ne tient pas aux conditions sans lesquelles aucune connaissance n'est possible.

Quelles sont les caractérisations positives de l'intuition qui découlent de ce qui vient d'être dit ? L'intuition se détermine par deux traits, qui sont bien entendu corrélatifs : elle est, tout d'abord, un *acte théorique* ou de *contemplation*, que Bergson présente comme un « voir », mais puisque cet acte théorique consiste en une coïncidence, toujours partielle et qui admet des degrés[1], avec une réalité qui est mouvement — coïncidence en effet, puisqu'il ne s'agit plus de reconstruction, d'accès ou de représentation —, alors il prend en même temps les caractères de la réalité avec laquelle il coïncide, c'est-à-dire qu'il est *mouvement, effort et création*. L'identification entre création et contemplation suppose et exige une refonte de la théorie de la vérité, refonte que nous exposerons pour elle-même par la suite. Et c'est cette possibilité d'une *connaissance* qui soit en même temps *coïnci-*

---

1. Ce qui fait de l'intuition une *pluralité* d'actes, correspondant à chaque fois à un degré de *tension* de notre esprit et conduisant celui-ci, pour l'examen de chaque objet particulier, à forger un *concept* « souple » (« Introduction à la métaphysique », in *La pensée et le mouvant*, p. 188), « fluide » (« Introduction à la métaphysique », in *La pensée et le mouvant*, p. 213) ou « sur mesure » (« Mouvement rétrograde du vrai », in *La pensée et le mouvant*, p. 22-23 ; « Introduction à la métaphysique », in *La pensée et le mouvant*, p. 196-197), c'est-à-dire *individuel* et *singulier* (cf. « Introduction à la métaphysique », in *La pensée et le mouvant*, p. 196-197). Bergson, enfin, réforme le type même de *questions* que posera le philosophe (« Introduction à la métaphysique », in *La pensée et le mouvant*, p. 196-197).

L'intuition

dence, c'est-à-dire qui soit capable de nous livrer, elle qui est différente de la chose, la chose elle-même en ce qu'elle a d'absolu, ou l'absolu lui-même, que Bergson nomme, dans l'article, déjà mentionné, qui introduit la notion d'intuition, « métaphysique ».

Le premier point est extrêmement manifeste à la lecture des textes : l'intuition est une « vision simple, immédiate, sans préjugés interposés[1] », une « vision directe du réel[2] » ; la « vision intuitive[3] » est une « vision de la durée[4] ». Ou encore, elle est une « vision directe de l'esprit par l'esprit[5] ». Marquant son aspect de coïncidence, Bergson écrit qu'elle est une « vision qui se distingue à peine de l'objet vu[6] ». Et insistant sur sa distinction avec l'intelligence, il affirme qu'elle est une « vision synthétique et supraintellectuelle[7] ». Tous propos que l'on trouve dans les Introductions à *La pensée et le mouvant*, articles où Bergson jette un coup d'œil rétrospectif sur la signification des notions et des méthodes dont il a tenté d'enrichir la philosophie, ou plutôt au moyen desquelles il a cherché à la transformer de l'intérieur.

Mais l'intuition est, en second lieu et indissociablement, mouvement, effort et création. Ici encore, les textes à mobiliser sont innombrables, et nous retrouverons ce point à plusieurs reprises dans nos analyses. Le syntagme « effort d'intuition » connaît, par exemple, cinq occurrences dans l'« Introduction à la métaphysique[8] ». Surtout, lorsque Bergson doit désigner le lien qui existe entre l'intuition comme activité et nos facultés, c'est-à-dire les directions divergentes de notre durée, c'est au *vouloir*, bien plus encore qu'au *voir*, ou plutôt au voir *en tant qu'il est un vouloir* et inversement, que Bergson la rattache, battant ainsi en brèche, par avance,

---

1. « Mouvement rétrograde du vrai », in *La pensée et le mouvant*, p. 4.
2. *Ibid.*, p. 23.
3. « De la position des problèmes », *op. cit.*, p. 91.
4. « Mouvement rétrograde du vrai », *op. cit.*, p. 5.
5. « De la position des problèmes », *op. cit.*, p. 27, 42.
6. *Ibid.*, p. 27.
7. *Ibid.*, p. 67.
8. « Introduction à la métaphysique », in *La pensée et le mouvant*, p. 189, 200, 208, 210 (deux fois).

toutes les interprétations, il est vrai encouragées par certains textes[1], qui voudront apercevoir en elle un simple relâchement, un simple laisser-aller de l'esprit. Ainsi, « Supposez qu'au lieu de vouloir nous élever au-dessus de notre perception des choses, nous nous enfoncions en elle pour la creuser et l'élargir. Supposez que nous y insérions notre volonté, et que cette volonté se dilatant, dilate notre vision des choses[2]. » Et dans le livre où Bergson assoit sa notion d'intuition sur des analyses biologiques, c'est-à-dire, plus radicalement, où il découvre que l'usage de l'intuition conduit à nouer, indissolublement, théorie de la connaissance et théorie de la vie[3], il écrit : « Pour que notre conscience coïncidât avec quelque chose de son principe, il faudrait qu'elle se détachât du *tout fait* et s'attachât au *se faisant*. Il faudrait que, se retournant et se tordant sur elle-même, la faculté de *voir* ne fît plus qu'un avec l'acte de *vouloir*[4]. » Et inversement : « Essayons de voir, non plus avec les yeux de la seule intelligence, qui ne saisit que le tout fait et qui regarde du dehors, mais avec l'esprit, je veux dire avec cette faculté de voir qui est immanente à la faculté d'agir et qui jaillit, en quelque sorte, de la torsion du vouloir sur lui-même[5]. » La *conversion* dont il s'agit ici peut s'opérer, selon ces deux textes qui se trouvent aux deux extrémités d'un même mouvement argumentatif dans *L'évolution créatrice*, tantôt à l'initiative du voir, tantôt

---

1. *Essai sur les données immédiates de la conscience*, p. 94. Bergson, à l'époque où il écrit ces lignes, n'a pas encore forgé sa notion d'intuition. Tout au plus aurait-on raison de distinguer, chez Bergson, entre une intuition que l'on pourrait dire passive, qui consisterait simplement en ce que les barrières interposées entre les choses et nous par les exigences de notre action se lèveraient momentanément d'elles-mêmes, à l'occasion, par exemple, d'un dysfonctionnement physiologique (cf. « La perception du changement », in *La pensée et le mouvant*, p. 152-153), et une intuition proprement active.
2. « La perception du changement », in *La pensée et le mouvant*, p. 148.
3. Ainsi qu'à faire de l'intuition, selon une thèse qui donna lieu, elle aussi, à de nombreux malentendus, un instinct devenu désintéressé et conscient de soi (*L'évolution créatrice*, p. 177-181). Cette double caractérisation signifie, sous la plume de Bergson, que l'instinct, transformé en intuition, s'ouvre à présent à un nombre virtuellement infini d'objets, ce qui faisait auparavant le propre de l'intelligence ; l'intuition devient alors une fonction décidément *théorique*, et même la seule, si l'on admet, avec Bergson, que l'intelligence est au contraire une faculté *pratique*.
4. *L'évolution créatrice*, p. 238.
5. *Ibid.*, p. 251.

à celle du vouloir : loin qu'il faille voir ici la marque d'une hésitation de l'auteur, c'est bien l'interchangeabilité du voir et du vouloir, lorsqu'il s'agit de l'intuition — c'est-à-dire la coïncidence, au sein de celle-ci, entre le voir et le vouloir —, qui est proclamée avec vigueur. Et c'est bien une définition de l'*esprit* que Bergson est en mesure de fournir dans le second passage, définition qui éclaircit, et arrache à tout « spiritualisme » rudimentaire, la caractérisation de l'intuition comme « vision de l'esprit par l'esprit ».

Mais alors, si l'intuition, en plus d'être un voir, est coïncidence avec une réalité qui se détermine elle-même selon des caractères processuels, c'est tout un nouveau vocabulaire, qui fera pendant à celui de la vision, qui s'avère comme à constituer. De fait, les occurrences de l'intuition dans le texte de Bergson sont beaucoup plus nombreuses qu'on ne le croit au premier abord, et elles s'organisent suivant un réseau lexical extrêmement serré et rigoureux. Une lecture de l'« Introduction à la métaphysique » ou de *L'évolution créatrice* fera apparaître que les verbes « saisir », « se replacer », « s'installer », « se transporter », ainsi que les locutions « prendre contact avec… », « prendre possession de… » ou « adopter le mouvement de… », possèdent un sens incontestablement technique : ces verbes et locutions connotent tous l'idée d'une *sympathie*, autre terme, le premier, par lequel Bergson, dans un passage bien connu, livre la définition même de l'intuition : « Nous appelons ici intuition la *sympathie* par laquelle on se transporte à l'intérieur d'un objet pour coïncider avec ce qu'il a d'unique et par conséquent d'inexprimable[1] ». Nous espérons que tous les termes de cette définition, une des rares que donne Bergson, puissent être clairs à présent.

---

1. « Introduction à la métaphysique », in *La pensée et le mouvant*, p. 181.

L'élan vital

Autour de l'image de l'élan vital cristallisèrent à la fois les avancées les plus rigoureuses, en matière de philosophie et de théorie des sciences, de *L'évolution créatrice*, et, d'une certaine manière, du bergsonisme dans son ensemble, à la fois les malentendus les plus graves, et parfois, malheureusement, les plus riches en conséquences, qui furent commis au sujet de cette philosophie. Mot d'ordre artistique, littéraire, voire religieux pour les uns, politique, et même national, pour les autres, l'élan vital est en effet ce qui, du bergsonisme, a passé le plus vite à la célébrité, puis à la postérité, pour le meilleur mais aussi pour le pire. Une précision au sujet de cette image est donc indispensable au plus haut point.

Car l'élan vital est une image. Bergson a insisté sur cet aspect dès *L'évolution créatrice*[1], où elle est présentée, et il y revient avec insistance dans *Les deux sources*[2], ouvrage qui prend déjà la peine de corriger les divers contresens auquel elle donna lieu. Il est une image, parce que la réalité à laquelle il renvoie ne saurait être saisie par le concept, pas plus que la liberté de l'*Essai*, et pour des raisons analogues[3].

Dans l'image de l'élan vital, il faut voir, d'abord, une double récusation du mécanisme et du finalisme en matière de pensée de la vie. Le mécanisme, paradigmatiquement représenté par Spencer, tenant d'un certain néolamarckisme, mais aussi par le néodarwinisme de Weismann, le mutationnisme de De Vries, l'orthogenèse d'Eimer et le néolamarckisme français[4],

---

1. *L'évolution créatrice*, p. 258.
2. *Les deux sources de la morale et de la religion*, p. 115-120.
3. Cf. *Essai sur les données immédiates de la conscience*, p. 165-166. Nous renvoyons à l'étude que nous faisons de la liberté bergsonienne dans notre section consacrée aux explications de texte.
4. Par opposition, dans une certaine mesure, au néolamarckisme américain de Cope, que Bergson reçoit plus favorablement. Cf. *L'évolution créatrice*, p. 78.

se donne en effet, résume Bergson, des éléments tout faits, entre lesquels devra survenir un ordre, que celui-ci soit dû au hasard (ce qui, pour Bergson, est inintelligible), ou qu'il soit dû à une intervention transcendante, analogue au Dieu mécanicien de la tradition cartésienne et voltairienne. Ce qui nous renvoie nécessairement au finalisme, qui, selon Bergson, n'est que le corrélat, justement, du mécanisme, les deux attitudes philosophiques et scientifiques formant un cercle dans leur opposition même. Le finalisme en effet, présenté par Bergson sous sa forme leibnizienne, se donne le plan selon lequel les éléments seront ordonnés, mais n'en commet pas moins l'erreur fondamentale du mécanisme, que nous pouvons à présent désigner selon la formule rigoureuse que Bergson lui assigne : « Tout est donné[1]. » Dans les deux cas, soit qu'on se donne uniquement les éléments, soit qu'on se donne aussi le plan selon lequel ils devront être arrangés, on suppose que tout est déjà là dans l'univers, que rien ne se crée, que le temps, au fond, n'a pas d'efficace. C'est cette vision qui est, bien entendu, incompatible avec celle que Bergson cherche à promouvoir au sujet de la vie.

Au contraire, si tout n'est pas donné, si la vie est, à chacune de ses étapes, en *progrès* véritable sur elle-même, alors il n'y a pas d'*éléments* donnés au départ, disjoints les uns des autres, à proprement parler *discrets*, mais la vie forme bien une continuité réelle, pourtant hétérogène, et cela donne droit au philosophe de parler, d'une manière effectivement novatrice, d'une « vie en général[3] ». C'est également la raison précise pour laquelle il avait décidé de s'intéresser aux diverses formes d'« évolutionnisme » ou de « transformisme », ces doctrines scientifiques parlant de transformations qui s'accompliraient non plus seulement au sein des individus et des espèces, mais d'une espèce à l'autre[4]. Cette « vie en général », d'où les individus naissent par voie de divergence ou de *dissociation*[5] — là où la biologie de l'époque, en tant que

---

1. *L'évolution créatrice*, p. 37-39.
3. *Ibid.*, p. 26-27.
4. *Ibid.*, p. 23-26.
5. *Ibid.*, p. 90, 118, 136.

L'élan vital

mécaniste, parle plutôt d'association —, est à la fois continuité et hétérogénéité, et c'est ce qui permet à Bergson de la considérer du point de vue de la durée, ou d'affirmer qu'elle est durée en son essence.

C'est ici qu'intervient l'image de l'élan. Si la vie, en effet, est une continuité indivisible, qui pourtant est susceptible de se diffracter en éléments distincts qui n'ont jamais eu à s'associer, alors elle mérite au plus haut point d'être qualifiée de simple, au sens que Bergson donne à ce terme ; or, rien n'est plus simple qu'un *élan* : celui-ci n'est pas le mouvement parcouru par le coureur, mais bien l'*impulsion* qui le pousse à franchir les positions les unes après les autres. Et si cet élan ne vise à rien, en tant qu'il est donné indépendamment de la catégorie de but ou de fin, si pourtant il est réel — nous pouvons le ressaisir analogiquement, sous la forme du temps, au sein de notre propre expérience —, alors il demande à être considéré comme venant de l'arrière, ce que Bergson exprime par les autres images, très importantes, de la « poussée[1] » ou de la « *vis a tergo*[2] », formule latine qui signifie, littéralement, « force venant de l'arrière ».

La fin du premier chapitre de *L'évolution créatrice*, que le titre courant nomme, tout simplement, « L'élan vital », présente une élucidation particulièrement rigoureuse de l'image qui nous occupe : cette section procède, en effet, à partir de l'exemple de l'œil, qu'il est temps de développer. Soit la structure de cet organe, dont la particularité est de se retrouver, d'une manière assez analogue, sur des lignes évolutives très indépendantes les unes des autres (en particulier, dit Bergson, sur la ligne des mollusques, par exemple chez le Peigne, terme désignant notamment la coquille Saint-Jacques, et sur la ligne des vertébrés, par exemple chez l'homme) : le mécaniste se représentera la multiplicité indéfinie des éléments qu'il a fallu combiner les uns aux autres, pour obtenir un effet aussi simple, à savoir l'exercice de la vision ; l'immensité des risques d'erreur ne manquera pas de susciter l'admiration, et préparera le terrain pour le finaliste. Celui-ci nous dira, en

---

1. Les occurrences sont nombreuses : *L'évolution créatrice*, Introduction, p. VIII, p. 2, 18, 100, 103-104, 127, 132, 201, 265, 271, 333, 340, 346.
2. *L'évolution créatrice*, p. 104.

effet, que la nature n'a pas pu procéder au hasard pour faire un œil, et qu'elle s'est nécessairement donné un plan très précis, qu'elle a dû aussi mobiliser un art infini dans l'exécution, pour parvenir au résultat donné. Mais, nous dit Bergson, « ce contraste entre la complication à l'infini de l'organe et la simplicité extrême de la fonction est précisément ce qui devrait nous ouvrir les yeux[1] ». Il se pourrait, en effet, qu'à regarder la structure organique du point de vue de la multiplicité des parties qui la composent, on regardât la chose à l'envers, et que la structure fût, précisément, l'envers de la fonction, au sens où la « vue », selon Bergson, est l'envers du simple, au sens où la position est l'envers du mouvement qui la dépose sous lui. En revanche, selon Bergson, la nature n'a pas eu plus de peine à faire un œil que je n'en ai à lever la main : dans les deux cas, il y va d'un geste indivisible, qui n'est même pas d'ordre téléologique lorsqu'il s'agit de la vie, et c'est le regard extérieur, nécessairement intellectuel, qui introduit la complication dans la chose en la considérant par le mauvais côté. C'est l'impulsion qui préside à ce geste simple, ou qui en constitue l'essence, que Bergson nomme « élan ». Et Bergson va jusqu'à parler, nous l'avons déjà évoqué, d'une « marche à la vision », qui illustrerait, sur le mode de l'image également, la spécification de l'élan vital qui a pu conduire, quoique sans l'avoir visé, à la production, ou plus exactement à la création, d'une organe comme l'œil : réinvestissant la théorie du premier chapitre de *Matière et mémoire*, Bergson montre en effet en la vision une fonction perceptive par laquelle la vie, qui est, « avant tout, une tendance à agir sur la matière brute[2] », a pu, en particulier chez l'homme, remplir son office pratique. À charge pour nous, philosophes collaborant avec des biologistes, de découvrir ensuite d'autres spécifications majeures de cet élan vital, pourtant indivisible en son essence.

---

1. *Op. cit.*, p. 90.
2. *Ibid.*, p. 97.

Le possible

Une des conséquences les plus importantes de la découverte de la durée, c'est-à-dire d'un temps créateur — et de sa redécouverte au sein des processus biologiques —, est la critique que Bergson mène contre la catégorie de possible. Il prend ainsi une position déterminante au sein de l'histoire de la métaphysique, s'opposant vigoureusement à Leibniz, mais aussi à Kant (qui détermine la catégorie de possibilité dans sa différence avec celles d'existence et de nécessité, ces trois catégories formant les catégories de la « modalité du jugement »), et se rapprochant au contraire de Spinoza.

C'est en effet en un sens distinct de celui où l'on parle de possibilité et d'impossibilité matérielles que Bergson s'en prend à la catégorie de possible : il ne conteste pas — il ne peut pas contester — qu'il soit impossible de traverser la voie ferrée lorsque la barrière est baissée, selon un exemple qu'il prend dans « Le possible et le réel », l'un des grands textes, mais non pas le seul, qu'il consacre à cette question[1]. Mais ce qu'il refuse, c'est qu'une chose ou un événement préexistent, sous forme d'idée, donc de simple possibilité définie, avec Leibniz, comme non-contradiction, à leur « réalisation » concrète. L'exemple déterminant est, cette fois, celui de l'œuvre d'art : on ne peut pas dire que la tragédie *Hamlet* ait préexisté, sur le mode de la pure possibilité, à sa composition par Shakespeare, et que celui-ci se soit contenté d'aller la décrocher, toute faite, dans on ne sait trop quel ciel intelligible. C'est ainsi une critique de la *transcendance* que mène Bergson, mais la transcendance n'est pas, ou pas d'abord, comprise sur le modèle platonicien de l'essence, mais sur celui, leibnizien et kantien, de la possibilité — à charge pour nous de comprendre, ensuite, comment la critique du possible peut porter, également, contre l'Idée.

---

1. « Le possible et le réel », in *La pensée et le mouvant*, p. 112.

Attardons-nous sur l'exemple d'*Hamlet*, qui nous fera saisir la nature de l'argument précis que Bergson dirige contre la catégorie de possible. *Hamlet* n'était pas possible avant d'être réel, parce que pour déterminer adéquatement cette possibilité, il faut y intégrer toutes les conditions générales de sa composition par Shakespeare : il faut avoir vécu à l'époque de Shakespeare, dans les mêmes conditions culturelles, sociales, politiques et économiques que lui, fréquenté les mêmes individus, habité les mêmes rues ; et, de degré en degré, on s'aperçoit qu'il faut ajouter exactement toutes les déterminations qui ont pesé sur l'effectuation précise de cette œuvre, jusqu'aux déterminations psychologiques les plus concrètes et les plus infimes de l'âme de son auteur. Mais pour connaître une âme, il n'est d'autre moyen que de coïncider avec elle, et de coïncider avec elle dans sa durée même, jusqu'au moment où l'acte, en l'occurrence la composition d'*Hamlet*, est sur le point de s'accomplir. Autrement dit, on s'aperçoit que pour déterminer intégralement la « possibilité » *Hamlet*, il faut *être* Shakespeare, et être Shakespeare dans le mouvement même de la composition d'*Hamlet*[1]. Ce que nous pouvons formuler de la manière suivante : une possibilité, au fur et à mesure qu'on poursuit sa détermination complète, vient coïncider avec une réalité, jusqu'au point où elle se confond avec elle. D'où il résulte qu'il n'y a pas de sens à distinguer la possibilité de la réalité, et d'où il résulte, également, qu'on ne saurait parler d'« un » possible individuel, puisqu'au fur et à mesure qu'on le détermine, il apparaît comme indissociable du reste de la réalité, en interaction profonde avec elle. Autrement dit, c'est un argument leibnizien — par l'analyse complète — que Bergson brandit contre Leibniz, et on se rend compte que l'erreur de ce dernier, du point de vue bergsonien, fut de parler « des » possibles, alors qu'on ne peut prendre en considération que le monde dans son ensemble. Le monde bergsonien,

---

1. « Le possible et le réel », dans sa première version, date de 1920. La version recueillie dans *La pensée et le mouvant* fut élaborée en 1927, et remaniée en 1930 (« Le possible et le réel », in *La pensée et le mouvant*, p. 99, n. 1). Mais on trouve déjà le principe de l'argument dans une des critiques que Bergson adresse au déterminisme dans son premier livre (*Essai sur les données immédiates de la conscience*, p. 137-144). Nous commentons une partie de ce passage dans notre section consacrée aux explications de texte.

inversement, se rapproche insensiblement du monde spinoziste, compris comme processus d'effectuation d'une réalité absolument une et qui n'est surplombée par aucun possible.

De ces considérations découlent, tout comme chez Spinoza, des conséquences pratiques, et c'est d'abord ici qu'il faut chercher une « éthique » bergsonienne. Celle-ci sera approfondie, mais sans qu'il s'agisse jamais, pour des raisons essentielles, de lui donner la forme de prescriptions, dans *Les deux sources de la morale et de la religion*. Critiquer le possible, en effet, c'est *ipso facto* attaquer à leur racine les affects de repentir, de remords ou d'envie, qui supposent tous que le monde aurait pu être autre, ou que j'*aurais pu*, ou pourrais encore, être autre. C'est ce conditionnel passé qui forme la structure grammaticale des passions tristes, tandis que le futur antérieur, auquel Bergson, éveillé sur ce point par le tout jeune Jankélévitch[1], prête une attention grandissante, est le temps de la joie. Car si on ne peut pas dire qu'une action était possible avant d'être réelle, on peut dire, toutefois, qu'elle aura été possible une fois qu'elle aura été effectuée[2], selon un mouvement rétrograde que Bergson, en un texte célèbre, prête également au vrai[3]. La joie donne la formule de l'éthique bergsonienne, au sens d'une doctrine du bien-vivre. On comprend dès lors les fameuses phrases qui terminent le texte de la conférence sur le possible et le réel : « Gardons-nous de voir un simple jeu dans une spéculation sur les rapports du possible et du réel. Ce peut être une préparation à bien vivre[4]. »

Toutefois, ce n'est pas parce que Bergson se défait de la catégorie de possible qu'il supprime toute distinction entre deux modes de réalité, la réalité donnée à l'expérience et ses configurations à venir, ce qui serait évidemment impossible : mais il s'agit alors, précisément, de deux modes de *réalité*, et non pas de relations entre la réalité et un possible qui la transcenderait. Le terme bergsonien, relevé avec systématicité par Deleuze, désignant la réalité simplement à venir ou en train de s'effectuer, c'est le *virtuel* — bien

---

1. Jankélévitch, *Henri Bergson* (1959), Paris : PUF, coll. « Quadrige », 1999, p. 2-3.
2. « Le possible et le réel », *op. cit.*, p. 110-112.
3. « Mouvement rétrograde du vrai », *op. cit.*, p. 1-23.
4. « Le possible et le réel », *op. cit.*, p. 116.

que le « virtuel » désigne aussi, nous l'avons vu, le passé lui-même : c'est *en tant que nous y projetons notre passé*, à travers le présent, que nous créons un avenir. À la différence du possible, le virtuel est réel, mais il n'est pas le réel pleinement effectué que rencontre la perception. Deleuze reprend, pour exprimer ce mode particulier de réalité, une formule de Proust : les virtuels sont « réels sans être actuels, idéaux sans être abstraits[1] ». Et tandis que le possible, dans la mesure où il se distingue définitivement du réel, ne pourrait se réaliser que par une *fulguration*, d'un seul coup, le virtuel, au contraire, puisqu'il est immanent au réel, ne peut s'actualiser que selon un *processus*, lui-même immanent au réel ou, mieux, constituant l'essence de la réalité comme activité, c'est-à-dire comme durée. On peut rappeler ici les deux traits du processus d'actualisation, tels qu'ils sont retracés par Deleuze[2] : alors que le réel *ressemble* au possible qu'il vient réaliser, puisque les possibles et les réels se correspondent chacun à chacun, l'actuel, en revanche, *tranche* en nature sur le virtuel dont il est l'actuel — ou plutôt sur les virtualités multiples dont il est lui-même l'actualisation multiple —, c'est-à-dire qu'il est amené à *créer* ses propres lignes d'actualisation et à se *créer* lui-même comme actuel. Les formes concrètes de la vie n'étaient pas données dans l'impulsion originaire, bien qu'elles l'actualisent. Du coup, l'actualisation échappe également à la seconde loi de la réalisation, qui est la loi de limitation : tandis que le Dieu de Leibniz fait passer à l'existence *un* monde, le meilleur, de préférence à tous les autres — ce qui libère la notion métaphysique de « mondes possibles » ou d'arrière-mondes, avec toutes les conséquences éthiques qui s'ensuivent —, le virtuel bergsonien, tout à l'inverse, *se démultiplie* au fur et à mesure qu'il s'actualise, c'est-à-dire que sa loi est celle de la *divergence* ou de la *dissociation* : la vie, avons-nous vu, ne procède pas par composition ou par association d'éléments déjà don-

---

1. Deleuze, *Le bergsonisme* (1966), Paris : PUF, coll. « Quadrige », 2e éd., 1998, p. 99.
2. *Ibid.*, p. 99-100.

nés, mais au contraire par dissociation entre des tendances qui, pourtant, garderont les unes avec les autres un « air de parenté[1] » — ainsi de l'œil du peigne et de celui de l'homme.

Les exemples donnés par Bergson pour nous faire saisir la réalité du virtuel sont surtout d'ordre psychologique, mais « psychologique » signifie, ici, ce qui relève le plus éminemment de la durée. Shakespeare, une nouvelle fois, n'a pas pu être actuellement Macbeth, Hamlet, Othello, mais il les a été virtuellement[2]. De même, chaque enfant contient bien, sur le mode du virtuel, un certain nombre de personnalités adultes qui pourtant ne seront jamais réalisées — et c'est ce qui fait, dit Bergson en un beau passage, « un des plus grands charmes de l'enfance[3] ». Attardons-nous sur ce second exemple. L'enfant bien doué est à la fois virtuellement pianiste, virtuellement mathématicien, virtuellement philosophe ; il ne l'est pourtant pas encore actuellement, parce qu'aucune de ces dispositions n'est encore pleinement développée, et qu'une seule d'entre elles, sans doute, s'actualisera, aux termes d'un *choix* dont il est facile de voir qu'il est, le plus souvent, déchirant au sens propre du terme. Mais ces dispositions sont bien *réelles*, dans la mesure où on peut les caractériser comme des *talents*, et où on peut effectivement distinguer un enfant qui possède un tel talent, d'autres enfants qui ne le possèdent pas. Où l'on voit, enfin, que le processus d'actualisation est un *effort*, en l'espèce celui qui consiste à « développer son talent » — en faisant des gammes, par exemple — ; et cette détermination du processus d'actualisation comme effort, que nous avons déjà rencontrée lorsque nous traitions du problème de la mémoire, n'est pas sans rejaillir sur la nature de la durée, puisque celle-ci est le processus d'actualisation lui-même.

---

1. *L'évolution créatrice*, p. 117.
2. *Le rire*, p. 127-129.
3. *L'évolution créatrice*, p. 100-101.

La vérité

Un des aspects les plus méconnus du bergsonisme, c'est que cette philosophie présente, en bonne et due forme, une nouvelle théorie de la vérité. Cette théorie, Bergson la porte au plus haut degré d'explicitation dans un texte, lui-même très peu lu, qu'il consacre à son ami William James. C'est dans la confrontation avec le « pragmatisme » de James que Bergson est conduit à préciser sa propre théorie de la vérité, de même que c'est dans la confrontation avec Einstein, ainsi que nous le verrons dans la section de cet ouvrage consacrée aux explications de texte, qu'il est conduit à élucider certains aspects de sa théorie du temps.

Il est vrai que dans le texte sur James, qui date de 1911, est à l'origine une préface au livre de ce dernier intitulé *Le pragmatisme*, et se trouve repris à la fin de *La pensée et le mouvant* (1934), Bergson marque certaines réticences à l'égard des avancées de son contemporain[1]. Mais elles ne concernent pas le propos qui va suivre, portant surtout sur le primat que James semble accorder à l'émotion sur la contemplation, cet auteur manquant sans doute, du point de vue de Bergson, de la notion originale d'intuition.

« Qu'est-ce qu'un jugement vrai », demande Bergson exposant la doctrine de James ? « Nous appelons vraie l'affirmation qui concorde avec la réalité. Mais en quoi peut consister cette concordance ? Nous aimons à y voir quelque chose comme la ressemblance du portrait au modèle : l'affirmation vraie serait celle qui *copierait* la réalité. Réfléchissons-y cependant : nous verrons que c'est seulement dans des cas rares, exceptionnels, que cette définition du vrai trouve son application. Ce qui est réel, c'est tel ou tel fait déterminé s'accomplissant en tel ou tel point de l'espace et du temps, c'est du singulier,

---

1. « Sur le pragmatisme de William James. Vérité et réalité », in *La pensée et le mouvant*, p. 251.

c'est du changeant[1]. » Comme le laisse entendre la dernière phrase, c'est au nom de la durée, c'est donc au nom d'une doctrine proprement bergsonienne, que Bergson s'apprête, dans les pages qui suivent, à ruiner, à la suite de James, une certaine conception de la vérité : et cette conception, c'est, selon Bergson, celle même qui fut dominante à travers toute l'histoire de la philosophie, celle même que Heidegger, de son côté, ne cesse d'incriminer en lui accordant le même statut dominant[2], c'est la conception de la vérité comme concordance, correspondance, copie ou *adéquation*. Une réalité qui est durée est tellement pleine d'elle-même qu'elle ne supporte au-dessus d'elle ni la transcendance du possible, ni celle de la vérité.

Au contraire, remarque aussitôt Bergson, la conception de la vérité comme concordance est « naturelle à notre esprit et naturelle aussi à la philosophie, parce qu'il est naturel de se représenter la réalité comme un tout parfaitement cohérent et systématisé, que soutient une armature logique. Cette armature serait la vérité même : notre science ne ferait que la retrouver[3]. » Cette conception, que Bergson ne cesse d'incriminer dans toute son œuvre, c'est celle même qui est immanente à tous les systèmes philosophiques en tant que systèmes, et on comprend ici la raison profonde de la critique historique des systèmes qui fut menée, quatre années plus tôt, au quatrième chapitre de *L'évolution créatrice*[4]. Le platonisme, qui place un système des Idées au-dessus de la réalité sensible, et le kantisme, qui intègre, sous forme de lois, le système des vérités à la réalité sensible elle-même, ces deux directions de pensée, dit Bergson à la fois dans *L'évolution créatrice* et dans le texte qui nous occupe, participent de la même illusion générale.

---

1. *Op. cit.*, p. 244-245.
2. Dès *Être et temps*, § 44, et notamment dans les longs tableaux historiques qui constituent une partie de *Nietzsche*.
3. « Sur le pragmatisme de William James. Vérité et réalité », in *La pensée et le mouvant*, p. 246.
4. On se convaincra de la parenté entre les deux textes en relisant *L'évolution créatrice*, p. 320, 326-327, 353.

Qu'on y regarde de près en effet : soit la proposition, prise par Bergson à titre d'exemple, « La chaleur dilate les corps[1] ». Bergson lui refuse d'être la copie de quoi que ce soit. On voit aisément qu'elle n'a pu être que le produit d'une *élaboration scientifique*, c'est-à-dire théorique et technique, et que cette élaboration demande à être rapportée à un ou plusieurs hommes ayant effectivement travaillé, d'une manière qui aurait pu être autre. L'erreur est, au contraire, de croire que la vérité serait « déposée dans les choses et dans les faits[2] », que notre science « l'irait chercher, la tirerait de sa cachette, l'amènerait au grand jour[3] ». Selon la théorie, le plus souvent implicite, de la vérité-concordance, « tout le travail de la science consisterait à percer l'enveloppe résistante des faits à l'intérieur desquels la vérité est logée, comme une noix dans sa coquille[4] » — « *in a nutshell*[5] ». Ou encore, selon une image qu'on trouve dans *L'évolution créatrice*, la science extrairait de l'expérience une vérité toute faite, elle la lui ferait simplement « dégorger[6] ». On croit que celui qui formule une vérité pour la première fois ne fait que la dé-couvrir : « Il a été le premier à la voir, disons-nous, mais elle l'attendait, comme l'Amérique attendait Christophe Colomb[7]. » L'abondance des caractérisations imagées que donne Bergson de l'erreur qu'il dénonce ne fait que traduire la vigueur avec laquelle le philosophe, jusqu'en théorie de la vérité, s'emploie à déloger toute manière de « déjà-là » ou de « tout fait ». Au contraire, conclut Bergson à la suite de James, allant même plus loin que

---

1. « Sur le pragmatisme de William James. Vérité et réalité », in *La pensée et le mouvant*, p. 245.
2. *Ibid.*
3. *Ibid.*
4. *Ibid.*, p. 246.
5. « La perception du changement », in *La pensée et le mouvant*, p. 168.
6. *L'évolution créatrice*, p. 230.
7. « Sur le pragmatisme de William James. Vérité et réalité », in *La pensée et le mouvant*, p. 247. Selon la conception que dénonce Bergson, « Autant vaudrait assigner au philosophe le rôle et l'attitude de l'écolier, qui cherche la solution en se disant qu'un coup d'œil indiscret la lui montrerait, notée en regard de l'énoncé, dans le cahier du maître » (« De la position des problèmes », in *La pensée et le mouvant*, p. 51). Deleuze achèvera de donner toute sa portée critique et politique à ce passage (Deleuze, *Différence et répétition* [1968], Paris : PUF, coll. « Épiméthée », 11e éd., 2003, p. 205-207).

lui — puisqu'il utilise à la fin de la conclusion suivante un terme qui, de son propre aveu, ne fut peut-être pas employé par James[1] —, « *tandis que pour les autres doctrines une vérité nouvelle est une découverte, pour le pragmatisme c'est une invention*[2]. » Invention, précise aussitôt Bergson, qui n'a évidemment rien d'« arbitraire[3] », et ne s'apparente même pas tout à fait à cette autre invention que constitue l'œuvre d'art : car ici, la distinction entre le vrai et le faux est maintenue, au sens très précis toutefois où certaines propositions nous donnent, sur la réalité, une *emprise technique* que d'autres ne nous donnent pas. C'est ce que Bergson formule en prenant l'exemple d'Edison : « Sans doute l'inventeur du phonographe a dû étudier les propriétés du son, qui est une réalité. Mais son invention s'est surajoutée à cette réalité comme une chose absolument nouvelle, qui ne se serait peut-être jamais produite s'il n'avait pas existé[4]. » L'essentiel est donc, pour Bergson comme pour James, de ne pas inférer, de l'efficacité d'une proposition théorique, à l'idée qu'elle ait préexisté à sa première formulation, comme attendant, de toute éternité, d'être aperçue par un esprit suffisamment averti. Bergson cherche à maintenir deux caractères à toute vérité : elle est *processuelle* comme la réalité qu'elle dénote — et c'est pourquoi Bergson, comme James, s'adresse avant tout, pour découvrir le lieu de la vérité, au domaine de l'action, d'où le nom de « pragmatisme » accordé, avec l'assentiment de Bergson, à cette philosophie —, et elle fait l'objet d'une production *individuelle*[5].

---

1. *Op. cit.*, p. 247, n. 1.
2. *Ibid.*, p. 247.
3. *Ibid.*, p. 248.
4. *Ibid.*
5. Dans une lettre à James, antérieure de plusieurs années à la préface qu'il lui consacre et répondant elle-même à une lettre dans laquelle ce dernier s'émerveillait de *L'évolution créatrice*, Bergson tempérait, d'une manière qui n'est toutefois pas inconciliable avec les propos que nous rapportons : « Irais-je jusqu'à affirmer avec vous que *"truth is mutable"* ? Je crois à la mutabilité de la *réalité* plutôt qu'à celle de la *vérité*. Si nous pouvions régler notre faculté d'intuition sur la mobilité du réel, le réglage ne serait-il pas chose stable, et la vérité, — qui ne peut être que ce réglage même, — ne participerait-elle pas de cette stabilité ? Mais, avant d'en arriver là, il faudra bien des tâtonnements » (Lettre à William James du 27 juin 1907, in *Mélanges*, p. 727).

Une fois récusée la définition de la vérité comme concordance, au profit de sa caractérisation comme invention théorique immanente à la réalité mouvante, Bergson est en mesure d'assigner une toute nouvelle méthode à la philosophie. Et c'est ce qu'il fait la même année, dans un texte très connu cette fois, auquel il est très attaché — puisqu'il y renvoie lui-même dans *Les deux sources*[1] —, mais dont on n'a pas saisi toute la portée : il s'agit des premiers paragraphes de la conférence « La conscience et la vie », et de la doctrine, présentée par eux, des « lignes de faits ». Bergson part d'une critique du systématisme en philosophie, dont nous pouvons à présent mesurer la teneur et la signification. Puis il propose bien une méthode philosophique, qu'il dit calquée sur celle des « sciences positives », et qui consiste à procéder un peu à la manière d'un arpenteur[2] : celui-ci mesure la distance d'un point donné en le visant de deux endroits différents, et en appliquant ensuite les règles du calcul trigonométrique. De même, affirme Bergson, nous pouvons discerner, au sein de la réalité, « des groupes différents de faits, dont chacun, sans nous donner la connaissance désirée, nous montre une direction où la trouver. Or, c'est quelque chose que d'avoir une direction. Et c'est beaucoup que d'en avoir plusieurs, car ces directions doivent converger sur un même point, et ce point est justement celui que nous cherchons. Bref, nous possédons [alors] un certain nombre de *lignes de faits*, qui ne vont pas aussi loin qu'il faudrait, mais que nous pouvons prolonger hypothétiquement[3]. » Un contresens, toutefois, ne doit pas être commis, car il nous empêcherait de saisir la richesse de ces déclarations ; mais les développements proposés plus haut sur la récusation de la vérité-concordance nous mettent, précisément, à l'abri de ce contresens. Tandis que les sciences positives, en effet, s'occupent d'une réalité qui participe de l'espace, ou contiennent la spatialisation de la réalité comme une des conditions méthodologiques de leur exercice, la philosophie, au contraire — ou plutôt la « métaphysique », au sens que Bergson donne à ce terme —,

---

1. *Les deux sources de la morale et de la religion*, p. 263.
2. Pour la référence à l'arpenteur, cf. *ibid*.
3. « La conscience et la vie », in *L'énergie spirituelle*, p. 4.

a affaire à la durée pure ; or, celle-ci ne saurait contenir aucun « point » fixe que nous puissions viser, au sens où il serait déjà là et déjà donné, puisqu'elle consiste au contraire en une mobilité telle qu'elle contraint à renoncer à la définition même de la vérité comme adéquation. Pour le dire en un mot, c'est donc une doctrine de la *probabilité* que Bergson annexe à sa doctrine de la vérité, et cette doctrine de la probabilité doit inséminer la méthode philosophique ; mais il s'agit alors d'une probabilité propre à la philosophie, et non d'une probabilité scientifique, car la seconde se conçoit sur fond de vérité, ou se définit comme une moindre vérité — une vérité *in absentia*, une vérité à avenir —, tandis que la première est une probabilité pure, et elle tient tout entière en elle-même, elle ne se conçoit pas comme une moindre vérité, ou elle ne peut pas être pensée *sur fond* de vérité.

Une seconde conséquence de la théorie bergsonienne de la vérité demande à être mentionnée, qui fut déjà aperçue et exposée par Deleuze[1]. Tandis que l'ancienne théorie de la vérité faisait résider celle-ci dans la proposition, c'est-à-dire dans la solution à un problème, la nouvelle théorie de la vérité la place dans le *problème* lui-même. C'est un double fait digne de remarque que l'insistance avec laquelle Bergson, dès son premier ouvrage, s'emploie sans cesse à dénoncer les « faux problèmes » et les « problèmes mal posés[2] » — tels, précisément, que celui de la liberté, « né d'un malentendu[3] » —, et qu'une des deux Introductions à *La pensée et le mouvant* aille jusqu'à s'intituler « De la position des problèmes ». En effet, nous dit ce dernier texte, « un problème spéculatif est résolu dès qu'il est bien posé. J'entends, par là, que la solution en existe alors aussitôt, bien qu'elle puisse rester cachée et, pour ainsi dire, couverte : il ne reste plus qu'à la découvrir. Mais poser le problème n'est pas simplement découvrir, c'est inventer[4]. » L'effort bergsonien

---

1. Deleuze, *Le bergsonisme* (1966), Paris : PUF, coll. « Quadrige », 1998, p. 3-11. Nous ne reprenons pas l'intégralité de ces développements, qui ont un sens tout autant dans la philosophie de Deleuze que dans celle de Bergson.
2. Pour la distinction, rarement faite par le commentaire, entre faux problèmes et problèmes mal posés, cf. « Le possible et le réel », in *La pensée et le mouvant*, p. 104-105.
3. *Essai sur les données immédiates de la conscience*, p. 180.
4. « De la position des problèmes », in *La pensée et le mouvant*, p. 51-52.

pour intégrer la vérité au processus de création qu'est la réalité, et donc pour concevoir la vérité comme invention, conduit le philosophe, ultimement et au-delà de la signification simplement technique que James, lu par Bergson, donnait à cette conception, à apercevoir la vérité *dans le problème*, parce que celui-ci, contrairement à la solution, peut être pleinement créé. La solution est nécessairement éternelle, elle échappe nécessairement au temps — et on pourrait dire que la notion d'éternité appartient à la théorie de la vérité, bien plus qu'à celle du temps —, tandis que le problème est *toujours à poser*, constamment à re-poser, c'est-à-dire à créer. C'est une authentique tâche que Bergson prescrit ici à la philosophie, et de cette tâche découle, en partie, le sens qu'il confère à cette activité. Celui qui a déterminé la tâche de la philosophie en un sens analogue, à savoir comme destruction des faux problèmes hérités de la tradition — Bergson dirait : de l'action — au profit de la création de problèmes toujours nouveaux et toujours à reconfigurer, est peut-être, en sa pratique même de la pensée, Nietzsche[1].

C'est dans ce contexte spéculatif que vient prendre tout son sens une doctrine bergsonienne présente, au moins sous forme opératoire, depuis *Matière et mémoire*, et qui constitue un des aspects par lesquels Bergson se rattache le plus à une certaine philosophie contemporaine (Heidegger, Deleuze, Derrida, Lyotard) : la théorie de la *différence*. Bergson oppose souvent, en effet, la *différence de degré* et la *différence de nature*. Il faut voir ici davantage qu'une simple clause de style, ou qu'un usage que Bergson aurait repris à des théoriciens de son temps. La conception générale que Bergson se fait de la vérité, et qui est impliquée, déjà, dans l'usage de l'intuition, s'expose d'emblée, en effet, à une objection drastique : si la vérité est immanente à la réalité, et si celle-ci est une totalité pleine d'elle-même — avec laquelle vient coïncider l'intuition et telle que ni le néant ni le possible, ne pourraient jamais la fêler —, alors comment, selon quel critère, pourra-t-on distinguer entre le vrai et le faux ? Nous avons déjà répondu

---

1. Ainsi, entre de nombreux autres textes, on peut mentionner l'avant-propos à *Aurore*, où Nietzsche se présente comme le premier à avoir aperçu la morale comme un « problème » (Nietzsche, *Aurore*, Avant-propos, § 3).

partiellement à cette objection, en mentionnant le critère, inspiré de James, de l'efficacité technique. Mais Bergson, décidément, cherche à donner à la philosophie une dimension plus théorique que son contemporain, au sens où il maintient que l'intuition est un acte à la fois de création, à la fois de *contemplation*. Si la réalité bergsonienne est pleine d'elle-même, elle ne saurait toutefois constituer l'analogue de l'Un parménidien, unité dont on ne peut même pas affirmer quelque chose de faux, ce que Platon a montré dans une série de dialogues critiques contre la conception parménidienne[1]. La réalité est, nous dit Bergson, « articulée », exactement au sens où le mouvement d'Achille, pourtant simple, est articulé en pas successifs[2]. Et ce sont les « articulations du réel » que Bergson nomme « différences de nature ». Les différences de degré sont, quant à elles, simplement les appréhensions intellectuelles que nous nous donnons d'une chose, lorsque nous tentons de la reconstruire à partir de ses éléments, de même que nous cherchons à reconstituer le mouvement à partir de ses positions. On comprend dès lors, d'une part, pourquoi Bergson commence toujours par récuser les différences de degré au profit des différences de nature (exemplairement dans *Matière et mémoire*, lorsqu'il s'agit de l'image et du souvenir, de la matière et de l'esprit, etc.) : tel est ce qu'on pourrait appeler le « moment dualiste » de la philosophie de Bergson, moment qui correspond à un certain nombre de procédés théoriques et argumentatifs concrets. Mais Bergson cherche toujours, dans un second moment — nous y avons fait référence lorsque nous examinions le problème de la mémoire —, à faire apercevoir les différences de degrés, *cette fois intensifs*, qui existent au sein des différences de nature (les degrés de « tension » au sein de la durée) : c'est que les degrés ne renvoient plus, alors, à l'appréhension extérieure que l'intelligence se donne de la réalité pour préparer notre action sur elle, mais aux *étapes effectives d'une genèse qui se poursuit à l'intérieur même de la réalité*. Ce que Deleuze

---

1. Par exemple l'*Euthydème* ou le *Cratyle*.
2. *L'évolution créatrice*, p. 309-310. Nous commentons ce passage dans la section du présent livre consacrée aux explications de texte.

appelle, dans un article lumineux, des « degrés de la différence[1] » — étant admis que la durée est « hétérogène à elle-même[2] », et en ce sens « diffère avec soi[3] », qu'elle est la « différence de nature en personne[4] » —, par opposition aux différences de degré. La distinction entre ces deux moments permet à la fois d'élucider un certain nombre de difficultés propres, notamment, à *Matière et mémoire*, d'identifier comme tel un geste méthodologique que Bergson réitère dans tous ses ouvrages et au cours de nombreuses analyses, mais surtout de faire apercevoir en quel sens une distinction bien connue et en apparence purement lexicale opérée par Bergson dès ses premiers textes suppose en fait une théorie cohérente, d'abord implicite, de la vérité ; de quelle manière enfin cette théorie de la vérité parvient à conjuguer deux tendances qui semblent à première vue antinomiques au sein de la pensée bergsonienne, à savoir la saisie constante de *dualités* au sein de la réalité, et la constitution rigoureuse d'une philosophie de l'*immanence*.

---

1. Deleuze, « La conception bergsonienne de la différence », in *Les études bergsoniennes*, t. IV, Paris : Albin Michel, 1956, p. 109.
2. *Essai sur les données immédiates de la conscience*, p. 89.
3. Deleuze, « La conception bergsonienne de la différence », in *Les études bergsoniennes*, t. IV, Paris : Albin Michel, 1956, p. 88.
4. *Ibid.*, p. 110.

L'émotion

La théorie de l'émotion se présente à la fois comme un des centres des *Deux sources*, et peut-être le principal, à la fois comme le point d'aboutissement de toute une méditation que Bergson mène, depuis l'*Essai*, sur un certain aspect du temps. La notion d'émotion est très impliquée, en effet, dans l'ensemble des mouvements argumentatifs propres au dernier livre de l'auteur, puisqu'elle s'inscrit au sein des dualités que ce livre présente — clos et ouvert, statique et dynamique : l'émotion est toujours du côté de l'ouvert et du dynamique, elle forme leur nature ou leur essence. Mais il est d'autant plus indispensable d'éviter un contresens qui consisterait à croire que Bergson aurait proposé une « morale des émotions », analogue à celles qui ont pu fleurir pendant le XVIIIe siècle anglais, dans le sillage de Hume et jusqu'à Adam Smith, ou, en France, chez Auguste Comte. Il s'agirait là d'un contresens, tout d'abord parce que Bergson n'a jamais visé à « produire une morale[1] », mais simplement à décrire, du point de vue de la durée, les phénomènes moraux, considérés comme un moment nécessaire de toute investigation sur le temps. En second lieu, parce qu'il ne s'agit pas seulement, ici, d'opposer statiquement la raison et l'émotion, et de substituer éventuellement la seconde à la première comme principe de fait et/ou de droit pour nos actions, mais parce qu'il s'agit bien, conformément à l'ensemble de la doctrine bergsonienne de l'intelligence, d'*engendrer* la première à partir de la seconde, d'une manière que nous nous apprêtons à décrire.

La doctrine de l'émotion se présente comme un moment nécessaire de l'investigation bergsonienne sur le temps, et cela pour une raison assez simple : la découverte de la durée comme poussée a conduit, dans *L'évolution créatrice* à propos de la vie — et déjà dans l'*Essai* à propos de l'acte libre —,

---

1. Chevalier, Jacques, *Entretiens avec Bergson*, Paris : Plon, 1959, Entretien du 31 octobre 1931, p. 145.

à récuser un modèle inadéquat de l'action, qui consisterait à apercevoir en l'action la mise en œuvre difficultueuse, en vue d'une fin clairement conçue, de moyens réputés adéquats, ou encore l'effet nécessaire d'une série de causes en droit perceptibles d'avance, du moins pour une intelligence surhumaine. L'action créatrice, pour l'individu comme, analogiquement, pour la vie en général, est donc la projection, pourtant libre, à travers le présent, d'un passé dans un avenir qu'il invente en s'y introduisant. Or, si l'action créatrice est cela, il faut admettre qu'elle reçoit les caractères de ce qu'on a toujours appelé *passion*, autant et même davantage que de ce qu'on a toujours appelé, improprement, action. Mais alors, le terme « passion » ne signifie pas l'inaction ou l'inactivité par opposition à ce qui agit, il signifie bien l'activité la plus éminente, celle, précisément, qui procède d'une poussée venant de l'arrière. C'est ce que Bergson exprime en divers endroits des *Deux sources*, et notamment lorsqu'il fait de Dieu lui-même un créateur qui ne crée le monde que parce qu'il *pâtit* de son amour pour l'homme[1]. Ou encore, Bergson souligne, dès auparavant, que les mystiques, en tant qu'« *adjutores Dei* », sont « patients par rapport à Dieu, agents par rapport aux hommes[2] » : c'est-à-dire que leur énergie prodigieuse, reconnue par Bergson comme le critère à quoi l'on peut distinguer entre le mystique véritable, qui est chrétien, et les autres mystiques, provient de ce qu'ils *pâtissent* d'autre chose, à savoir d'une émotion qui, va jusqu'à dire Bergson, constitue la nature même de Dieu[3].

Pour comprendre le point d'insertion exact de la notion d'émotion dans la philosophie de Bergson, il convient de partir d'un chiasme qui est produit dès le premier chapitre des *Deux sources*, et qui est répété, comme principal schème opératoire de la pensée bergsonienne de la pratique, dans tout l'ouvrage : tandis qu'on croit, le plus souvent, que c'est l'obéissance à la *pression* qui exige le plus d'effort, celle-ci au contraire ne suppose en général

---

1. *Les deux sources de la morale et de la religion*, p. 270-274. Dieu a besoin de « créateurs », la Création serait « une entreprise de Dieu pour créer des créateurs, pour s'adjoindre des êtres dignes de son amour » (*Les deux sources de la morale et de la religion*, p. 270).
2. *Ibid.*, p. 246.
3. *Ibid.*, p. 267-268.

L'émotion

qu'un *laisser-aller*, alors que la véritable figure de l'effort ou de la volonté — et c'est avec l'introduction de cette notion de volonté qu'une perspective proprement *pratique* est envisagée — se trouve dans ce que Bergson appelle l'*aspiration*[1]. Dès les premières pages des *Deux sources*, en effet, Bergson mène une analyse dirimante selon laquelle il est plus difficile de désobéir à la pression sociale, à laquelle se résume, pour le moment, la « morale », que de lui obéir. L'obéissance tranquille est apparentée à l'habitude et à l'instinct[2], et il faut plus d'initiative pour « prendre à travers champs[3] ». La crainte de la solitude et de l'ennui[4], qui seraient les sanctions les plus immédiates d'une attitude contestatrice, nous paralysent le plus souvent, même à notre insu, et c'est une véritable grégarité de notre nature que Bergson souligne, en filant, pour en montrer aussi et avant tout les imperfections, la comparaison de la société humaine et de la ruche[5]. La récusation de la position kantienne selon laquelle ne peut être moral que ce qui exige un effort — et selon laquelle, corrélativement, le devoir est cela même qui exige un effort —, ainsi, à l'inverse, que l'affinité entre les affirmations bergsoniennes et certaines affirmations nietzschéennes, sont patentes. Mais alors, il reste à s'interroger sur ce qui peut vraiment mouvoir la volonté, c'est-à-dire sur ce qu'il advient d'elle lorsqu'elle produit un effort. C'est ici que Bergson introduit la notion d'aspiration, et qu'il retrouve le problème même de toute *philosophie pratique*, à savoir, selon une des formulations qu'il en propose, « Comment aura-t-on prise sur la volonté[6] ? »

Or, « Nous n'avons pas le choix. En dehors de l'instinct et de l'habitude, il n'y a d'action directe sur le vouloir que celle de la sensibilité[7]. » C'est avec la notion de « sensibilité » qu'est introduite l'émotion, qui prend le relais

---

1. « Pression et aspiration » forme, par exemple, le titre courant des pages 81 à 83 des *Deux sources*. La locution « laisser-aller » se trouve, notamment, dans un texte qui s'étend des pages 12 à 14 du livre, et que nous expliquons plus loin.
2. *Les deux sources de la morale et de la religion*, p. 20.
3. *Ibid.*, p. 13.
4. Sur la solitude, cf. *ibid.*, p. 6-11 ; sur l'ennui, cf. *ibid.*, p. 108-109.
5. *Ibid.*, p. 21-24.
6. *Ibid.*, p. 99.
7. *Ibid.*, p. 35.

de l'aspiration, ou plutôt nous donne son nom le plus propre. La dernière déclaration, toutefois, peut étonner à deux égards : comment Bergson peut-il faire si bon marché de la raison, de ce qui correspond à peu près, dans son vocabulaire, à l'intelligence ? D'autre part, Bergson ne livre-t-il pas, effectivement, une pure et simple morale du « sentiment », à charge pour nous ensuite de distinguer, au sein du sentiment, entre deux tendances, celle des sentiments égoïstes et celle des sentiments altruistes, comme l'a fait la tradition anglo-saxonne mentionnée plus haut ? On peut répondre à ces deux questions à partir des mêmes considérations, et celles-ci vont nous faire pénétrer, du même coup, au cœur de la doctrine bergsonienne de l'émotion.

Tout d'abord, lorsque Bergson s'oppose à l'idée que la raison puisse influer sur la volonté, il précise aussitôt : « Non pas, certes, qu'une idée pure soit sans influence sur notre volonté. Mais cette influence ne s'exercerait avec efficacité que si elle pouvait être seule[1] », ce qui ne peut advenir que suivant une conception proprement abstraite de l'être humain. En admettant qu'une idée, même abstraitement, puisse avoir une influence sur la volonté, Bergson ruine le principe même par lequel Hume fondait une morale du sentiment[2]. Surtout : « Il faut distinguer deux espèces d'émotion, deux variétés de sentiment, deux manifestations de sensibilité, qui n'ont de commun entre elles que d'être des états affectifs distincts de la sensation et de ne pas se réduire, comme celle-ci, à la transposition psychologique d'une excitation physique[3]. » Or, poursuit Bergson, « Dans la première, l'émotion est consécutive à une idée ou à une image représentée ; l'état sensible résulte bien d'un état intellectuel qui ne lui doit rien, qui se suffit à lui-même et qui, s'il en subit l'effet par ricochet, y perd plus qu'il n'y gagne. C'est l'agitation de la sensibilité par une représentation qui y tombe. Mais l'autre émotion n'est pas déterminée par une représentation dont elle prendrait la suite et dont elle resterait distincte. Bien plutôt serait-elle, par rapport aux états

---

1. *Op. cit.*, p. 65.
2. Hume, *Traité de la nature humaine*, II, III, 2 ; III, I, 1 ; III, III, 1.
3. *Les deux sources de la morale et de la religion*, p. 40.

L'émotion

intellectuels qui surviendront, une cause et non plus un effet ; elle est grosse de représentations, dont aucune n'est proprement formée, mais qu'elle tire ou pourrait tirer de sa substance par un développement organique[1]. » L'émotion dont parle Bergson, lorsqu'il en fait une « aspiration », n'est donc pas la simple « agitation en surface » dont il traite également[2], et qui est elle-même apparentée à l'habitude et à l'instinct. Elle est au contraire *plus principielle* que l'intellectualité elle-même, et elle est productrice d'intellectualité, au sens où le mouvement est producteur des positions qu'il dépose sous lui. Dès lors, à propos des deux émotions : « La première est infra-intellectuelle ; c'est d'elle que les psychologues s'occupent généralement, et c'est à elle qu'on pense quand on oppose la sensibilité à l'intelligence ou quand on fait de l'émotion un vague reflet de la représentation. Mais de l'autre nous dirions volontiers qu'elle est supraintellectuelle, si le mot n'évoquait tout de suite, et exclusivement, l'idée d'une supériorité de valeur ; il s'agit aussi bien d'une antériorité dans le temps, et de la relation de ce qui engendre à ce qui est engendré. Seule, en effet, l'émotion du second genre peut devenir génératrice d'idées[3]. » Avec la distinction cardinale entre les émotions « infra- » et « supraintellectuelles », Bergson nous montre le fondement de sa doctrine concernant le rapport entre émotion et intelligence : l'émotion tranche sur l'intellectualité non pas par défaut, mais par *excès* ; et le critère auquel on reconnaît qu'on a affaire à une émotion source d'innovations ou de créations morales, c'est précisément *l'intellectualité* qu'elle dépose sous elle. D'où la réponse définitive qu'on peut faire à ceux qui voient, en la doctrine bergsonienne de l'émotion, une simple morale du sentiment : ils présupposent une opposition de principe entre l'intelligence, ou raison, et l'émotion, sans voir justement qu'il est possible d'*engendrer* l'intelligence à partir de l'émotion. Et une dernière fois, Bergson pouvait distinguer sa propre doctrine d'une telle morale : « Les éducateurs de la jeunesse savent bien qu'on ne triomphe pas de l'égoïsme en recommandant "l'altruisme[4]" ».

---

1. *Op. cit.*, p. 40-41.
2. *Ibid.*, p. 41.
3. *Ibid.*, p. 41.
4. *Ibid.*, p. 32.

Mais il reste à établir que l'émotion est bien ce qui pèse sur la volonté lorsque nous sommes créateurs de nos conduites morales, autrement dit, que l'effort et la volonté se trouvent bien du côté de l'« aspiration », tandis que le laisser-aller, comme il est à présent admis, correspond à la « pression ». C'est ce que fait Bergson, en allant jusqu'à montrer l'*identité* entre l'effort ou la volonté d'une part, l'émotion de l'autre : car « l'émotion n'imposera que du consenti[1] », et « si l'atmosphère d'émotion est là, si je l'ai respirée, si l'émotion me pénètre, j'agirai selon elle, soulevé par elle. Non pas contraint ou nécessité, mais en vertu d'une inclination à laquelle je ne voudrais pas résister[2]. » Ce qui m'émeut coïncide donc avec ce que je veux, puisqu'en lui obéissant, je ne suis pas « contraint » ou « nécessité » : en affirmant cela, Bergson renoue avec l'inspiration la plus profonde de la théorie de la liberté présentée par l'*Essai*, puisque selon ce dernier ouvrage, je suis d'autant plus libre que j'accomplis une action qui est d'autant plus *mienne*[3]. Or, tel est le principe implicite du raisonnement que Bergson élabore ici, rien ne peut être plus *mien* que mon émotion. Cette identité de l'émotion et de la volonté constitue une thèse radicale et novatrice dans l'histoire de la philosophie. On oppose classiquement entre les deux notions, et on fait de la volonté ce qui a à charge de dominer ou de maîtriser les émotions[4]. Les seuls penseurs, à notre connaissance, à avoir, avant Bergson, considéré la volonté non plus comme transcendante aux émotions et comme devant les maîtriser — il s'agit alors de « pulsions » —, mais au contraire comme leur relation même, sont Schopenhauer et Nietzsche, avec leurs notions respectives de Volonté et de volonté de puissance. L'identité de la volonté et de l'émotion, Bergson la figure par l'exemple de la musique : « Il nous semble, pendant que nous écoutons, que nous ne pourrions pas vouloir autre chose que ce que la musique nous suggère, et que c'est bien ainsi que

---

1. *Op. cit.*, p. 36.
2. *Ibid.*, p. 45.
3. Nous insisterons sur ce point dans la section consacrée aux explications de texte.
4. Thèse qui se trouve soutenue, dans la littérature psychologique que Bergson a consultée, notamment par l'ouvrage de Bain *Les émotions et la volonté* (Bain, Alexander, *Les émotions et la volonté*, 3ᵉ éd. [1875], trad. P.-L. Le Monnier, Paris : Alcan, 1885, 603 p.).

L'émotion

nous agirions naturellement, nécessairement, si nous ne nous reposions d'agir en écoutant. Que la musique exprime la joie, la tristesse, la pitié, la sympathie, nous sommes à chaque instant ce qu'elle exprime. Non seulement nous, mais beaucoup d'autres, mais tous les autres aussi. Quand la musique pleure, c'est l'humanité, c'est la nature entière qui pleure avec elle. À vrai dire, elle n'introduit pas ces sentiments en nous ; elle nous introduit plutôt en eux, comme des passants qu'on pousserait dans une danse[1]. » Cet exemple permet de comprendre comment l'émotion, en tant qu'elle est supraintellectuelle, est productrice d'un nombre virtuellement infini de représentations intellectuelles : la musique ne se contente pas de raviver des représentations, elle en suscite véritablement, de telle sorte toutefois qu'aucune d'entre elles ne pourra être considérée comme le pendant exact d'une mélodie donnée ou d'un enchaînement d'accords donné. Ainsi, « Pour reprendre l'exemple de la musique, chacun sait qu'elle provoque en nous des émotions déterminées, joie, tristesse, pitié, sympathie, et que ces émotions peuvent être intenses, et qu'elles sont complètes pour nous, encore qu'elles ne s'attachent à rien[2]. » Bien au contraire, « à chaque musique nouvelle adhèrent des sentiments nouveaux, créés par cette musique et dans cette musique, définis et délimités par le dessin même, unique en son genre, de la mélodie ou de la symphonie[3]. » Cela ne signifie pas, encore une fois, que la musique ne *corresponde* à aucune représentation, mais plutôt que les représentations sont incapables de l'épuiser, puisque c'est elle, au contraire, qui les dépose sous son mouvement.

Maintenant, si l'émotion est la volonté même en tant qu'elle fait effort ou se déploie, alors elle demande à être considérée, à son tour, selon les notions qui ont permis à Bergson de concevoir un tel déploiement de soi : c'est-à-dire selon les notions, corrélatives dans leur apparente opposition même, d'actualisation processuelle et de création. C'est exactement ce que fait Bergson, en affirmant que l'émotion est création : « Création signifie,

---

1. *Les deux sources de la morale et de la religion*, p. 36.
2. *Ibid.*, p. 37.
3. *Ibid.*, p. 37.

avant tout, émotion[1] ». Et il étaye ce propos d'exemples empruntés à la littérature, exemples qui, de ce point de vue, viennent s'ajouter aux considérations déjà présentées sur la musique. Une émotion est créée, et c'est ce que l'on constate en étudiant l'invention, par Rousseau, de l'émotion liée à la montagne, ainsi que l'histoire même du « sentiment de la nature », ou encore la naissance, chez les poètes de l'amour courtois — imprégnés de mystique chrétienne —, de la passion de l'amour[2].

Mais si l'émotion vient s'identifier avec la création, alors il est naturel qu'elle rejoigne, en dernier lieu, l'intuition comme *mouvement*, ou comme coïncidence avec un mouvement créateur toujours déterminé : le « pur dynamique[3] » en effet, qui est du « supraintellectuel[4] », est « aspiration, intuition, émotion[5] ». Bergson est amené à décrire l'émotion suivant le vocabulaire rigoureux qui lui sert d'abord à caractériser l'intuition : dans la morale ouverte, on « trouverait le sentiment d'une coïncidence, réelle ou illusoire, avec l'effort générateur de la vie[6] ». Et la meilleure illustration de cette communauté de direction entre l'intuition et l'émotion, c'est la reprise par deux fois, dans *Les deux sources*, de l'exemple du mouvement par lequel l'écrivain est conduit à actualiser sa propre pensée dans un *texte* littéraire ou philosophique[7]. Cet exemple fera l'objet d'une étude spéciale.

Comment l'émotion peut-elle enfin acquérir une portée non plus seulement psychologique ou esthétique, mais proprement *pratique* — ce qui était le problème de départ —, c'est-à-dire concerner les rapports qu'entretiennent les hommes entre eux ? C'est à cette dernière question que répond Bergson lorsqu'il remarque que l'émotion est toujours suscitée par un *autre*. Si l'on oppose, ainsi que le fait Bergson, entre deux morales, la première étant « close », c'est-à-dire visant uniquement à assurer la conservation

---

1. *Op. cit.*, p. 42.
2. *Ibid.*, p. 37-39.
3. *Ibid.*, p. 63.
4. *Ibid.*, p. 63.
5. *Ibid.*, p. 63.
6. *Ibid.*, p. 51-52.
7. « Introduction à la métaphysique », in *La pensée et le mouvant*, p. 225-227 ; *Les deux sources de la morale et de la religion*, p. 43, 268-270.

d'une société donnée, la seconde étant « ouverte », c'est-à-dire poursuivant un mouvement de création qui est ouverture à l'humanité entière[1], alors il faut dire : « Tandis que la première est d'autant plus pure et plus parfaite qu'elle se ramène mieux à des formules impersonnelles, la seconde, pour être pleinement elle-même, doit s'incarner dans une personnalité privilégiée qui devient un exemple[2]. » La reconnaissance, contre Kant[3], d'une valeur à l'exemple en morale, est révélatrice d'une philosophie qui refuse la transcendance du devoir, l'opposition de la volonté aux émotions, et inscrit les critères moraux au sein de notre expérience affective concrète. Ou encore, toujours à propos des deux morales, « La généralité de l'une tient à l'universelle acceptation d'une loi, celle de l'autre à la commune imitation d'un modèle[4]. » Comme toujours chez Bergson, c'est la continuation, pourtant imprévisible, d'une réalité processuelle déjà effective qui est la création véritable. Et l'empire exercé par le modèle sur ses imitateurs est, nous dit Bergson en une image célèbre, peut-être inspirée de Fichte, un « appel[5] » — l'image de l'incendie qui se propage est, elle aussi, souvent mobilisée par l'auteur[6]. L'appel s'oppose nettement à l'injonction ou au blâme, puisque par un appel, je suis invité à découvrir le mouvement de ma propre volonté. Enfin, l'appel est, proprement, appel du « héros » : « De tout temps ont surgi des hommes exceptionnels en lesquels cette morale s'incarnait. Avant les saints du christianisme, l'humanité avait connu les sages de la Grèce,

---

1. *Les deux sources de la morale et de la religion*, p. 27-28, 31.
2. *Ibid.*, p. 29-30.
3. Kant, *Fondements de la métaphysique des mœurs*, trad. Delbos, Paris : Le livre de poche, coll. « Classiques de la philosophie », 1993, p. 77-78
4. *Les deux sources de la morale et de la religion*, p. 30. En portant son attention sur la notion d'imitation, Bergson retrouve l'inspiration de son contemporain Tarde (*Les lois de l'imitation*, 1890), mais aussi, et surtout, de William James (*L'expérience religieuse*, 1902, trad. 1906).
5. *Ibid.* Fichte considère en effet la présence de l'autre être humain sous forme de corps articulé comme un « appel » ou une « invitation » (*Aufforderung*) à l'exercice d'une activité libre, qui se découvre alors comme conditionnée par la loi morale (Fichte, *Fondement du droit naturel selon les principes de la doctrine de la science*, trad. Alain Renant, Paris : PUF, coll. « Quadrige », p. 46-56).
6. *Ibid.*, p. 43, 47, 59.

les prophètes d'Israël, les Arahants du bouddhisme et d'autres encore[1]. » Mais pour retirer à cette doctrine tout ce qu'elle pourrait conserver de trop « exaltant », Bergson évoque également les « héros obscurs de la vie morale que nous avons pu rencontrer sur notre chemin[2] », à côté des « fondateurs et réformateurs de religion, mystiques et saints[3] ». Il ne s'agit pas tant, ici, de produire une théorie historique des « grands hommes », ainsi qu'on peut la trouver par exemple chez Hegel, que de pousser jusqu'à ses dernières conséquences une doctrine qui cherche *dans l'expérience même* les conditions de notre pratique, cette expérience étant, il est vrai, à présent dédoublée entre le « clos » et l'« ouvert » ; et chercher *dans l'expérience* les conditions de notre pratique, c'est renoncer à les trouver dans des instances qui, telles que la loi ou le devoir, viendraient surplomber cette expérience, relayant en cela les entités métaphysiques dénoncées par Bergson, à commencer par le vrai, conçu comme copie adéquate de la réalité, et le possible.

---

1. *Op. cit.*, p. 29.
2. *Ibid.*, p. 47.
3. *Ibid.*, p. 47.

L'histoire

Parmi les objets que la vaste re-position des problèmes philosophiques constituée par le bergsonisme a rendu pensables à tout nouveaux frais, il faut enfin mentionner l'histoire. La théorie de l'histoire est, avec celle de l'émotion, un des grands apports des *Deux sources de la morale et de la religion*, bien que la méditation bergsonienne sur l'histoire, à la fois comme science et comme devenir historique, soit entreprise dès auparavant.

Certes, le fait de prendre en considération le temps ou la durée implique déjà une décision de considérer les événements humains du point de vue de leur temporalité essentielle, c'est-à-dire du point de vue de ce qu'on peut appeler leur historicité ; mais si on s'en tenait à cette assertion, on manquerait la nouveauté et l'efficacité des outils que nous donne Bergson pour penser l'histoire, outils qui sont beaucoup plus spécifiques et tiennent, eux-mêmes, à des doctrines dérivées de celle de la durée. Ce n'est pas sans avoir pesé ses mots que Bergson, dans *Les deux sources*, se réclame de la « philosophie de l'histoire[1] » — une philosophie qu'il cherche toutefois à élaborer loin des précédents hégéliens ou marxiens, puisque « nous ne croyons pas à la fatalité en histoire[2] » —, et qu'il présente, d'autre part, l'ambition de ce dernier ouvrage comme n'étant rien de moins que de « comprendre l'histoire de l'humanité[3] ».

Ce qui intéresse Bergson, disions-nous, ce n'est pas le mouvement tel qu'on peut le reconstruire, c'est-à-dire tel qu'il *aurait pu* s'effectuer, c'est le mouvement tel qu'il s'est effectivement produit, c'est-à-dire tel qu'il s'est accompli une seule fois, de *cette* manière singulière et d'aucune autre. En détournant notre attention de la reconstruction toujours envisageable du

---

1. *Op. cit.*, p. 331.
2. *Ibid.*, p. 312.
3. *Ibid.*, p. 196.

mouvement, c'est-à-dire, au fond, de la *possibilité pure* de ce mouvement, Bergson la dirige, au contraire, sur la triple question du *donné* comme tel, du *passé* et de la *singularité*. Si le mouvement effectif d'Achille diffère de celui qui aurait pu s'effectuer, c'est qu'il a été donné, irréductiblement donné, et qu'il reste à comprendre pourquoi, ou plutôt *comment*, de quelle manière irremplaçable, il a été donné. On le voit, cette question ne peut se poser qu'*au passé*, puisqu'il a fallu, d'abord, que le mouvement soit donné, pour qu'on puisse seulement s'intéresser à son mode d'advenue, et éventuellement à sa possibilité. Enfin, si le mouvement d'Achille a été donné, alors il ne peut l'avoir été que d'une manière *absolument propre*, reflet, si l'on peut dire, de tout l'art de courir propre à Achille, et de telle sorte qu'aucun autre mouvement ne lui ressemble, de telle sorte, autrement dit, que celui-ci peut bien, dès lors, faire figure d'*événement*. Une pensée de l'événement se trouve ainsi en germe dans « Le possible et le réel », où Bergson, par la structure grammaticale même de sa phrase, marque l'irréductibilité entre ce qu'on pouvait prévoir d'un événement en se fondant sur sa possibilité, et cet événement une fois qu'il s'est produit : « Je dois, par exemple, assister à une réunion ; je sais quelles personnes j'y trouverai, autour de quelle table, dans quel ordre, pour la discussion de quel problème. Mais *qu*'elles viennent, s'assoient et causent comme je m'y attendais, *qu*'elles disent ce que je pensais bien qu'elles diraient : l'ensemble me donne une impression unique et neuve, comme s'il était maintenant dessiné d'un seul trait original par une main d'artiste[1]. »

Les trois questions rapportées sont bien celles de l'historien, et Bergson demande qu'on les transpose, directement, à des exemples historiques.

C'est exactement ce qu'il fait à longueur de pages dans *Les deux sources*, en des développements dont il serait absolument vain, on le comprend à présent, de dire qu'ils sont déplacés dans un livre de philosophie : lorsque Bergson trace la distinction entre morale close et morale ouverte, religion

---

1. « Le possible et le réel », in *La pensée et le mouvant*, p. 99-100. Nous soulignons la conjonction « que », qui marque la distance irréductible entre l'advenir brut de l'événement — le « *dass* » allemand —, et sa simple possibilité ou essence — le « *was* ».

statique et religion dynamique, politique close enfin et politique ouverte, il s'attache également, en un geste qui n'a ni plus ni moins de nécessité que celui de *distinction* et dont on saisit même, par ce que nous avons dit sur la théorie de la différence, la corrélation avec ce dernier, à montrer par quels *progrès graduels*, se superposant pourtant à des différences de nature, la morale *s'est* ouverte, la religion dynamique *est* advenue dans le monde, et la politique peut *encore* peut-être, dans les années 1930, s'ouvrir. L'action des héros, des mystiques et des saints est pointée dans le premier cas[1], l'avènement progressif, quoique à chaque étape imprévisible, du mysticisme à travers l'hellénisme, l'hindouisme, le judaïsme et enfin le christianisme, est retracé dans le deuxième[2], et l'institution de la SDN, elle-même replacée dans une filiation philosophique qui va de Rousseau à Kant, est désignée dans le troisième[3]. À chaque fois, il ne s'agit pas de reconstruire, mais de suivre une genèse qui ne fut pas possible avant d'être réelle, qui s'est déroulée sur un mode radicalement singulier, et qui, sauf dans le troisième cas, fut opérée dans le passé. La question de la politique ouverte, c'est-à-dire de l'avenir de l'Europe et du monde à une époque où il apparaît sous un jour particulièrement sombre, est la seule sur laquelle Bergson propose quelque chose comme une anticipation, à savoir, apparemment contre sa propre méthode, comme une *transposition* du passé dans l'avenir : preuve de l'urgence et de la gravité avec laquelle, d'après le philosophe, cette question se posait en 1932. Bergson voit dans la situation politique de cette époque un *risque* au sens propre, c'est-à-dire un danger qui ne pourra apparaître comme risque que rétrospectivement, une fois qu'il aura été surmonté — si effectivement il est surmonté, si tout n'est pas perdu.

Outre la double critique de la reconstruction et du possible comme catégorie, c'est également la théorie originale que Bergson se donne de la vérité qui est mobilisée lorsqu'il s'agit de penser quelque chose comme de l'histoire. Lorsque le philosophe a à illustrer la thèse selon laquelle une proposition

---

1. *Les deux sources de la morale et de la religion*, p. 49-86.
2. *Ibid.*, p. 228-243. La fin du deuxième chapitre reproduit, quant à elle, le développement de la religion statique (*Les deux sources de la morale et de la religion*, p. 184-220).
3. *Ibid.*, p. 299-306.

n'est pas vraie de toute éternité, mais *en vient* à être vraie au moment où la chose ou l'événement qu'elle dénote sont réels — pour les raisons mêmes qui font qu'une chose ou un événement ne sont pas possibles avant d'être réels —, et qu'en ce sens il y a un « mouvement rétrograde du vrai » (une proposition donnant l'illusion d'avoir toujours été vraie, dès lors que la réalité à laquelle elle correspond est avérée), c'est d'emblée vers des exemples historiques qu'il se dirige. Les passages sont bien connus, mais on n'en a peut-être pas mesuré toute la signification. Bergson s'adresse à l'histoire de la littérature, parce qu'elle contient des événements dont, par excellence, personne ne contestera qu'ils soient des créations — de même qu'il recourait à l'exemple d'*Hamlet*, lorsqu'il s'agissait de nier la préexistence du possible sur le réel. On appelle « pré-romantique » la période de l'histoire littéraire qui contient des œuvres comme celles Rousseau et de Chateaubriand, œuvres dont se sont effectivement nourri les auteurs romantiques (Hugo, Vigny, etc.) ; mais Rousseau et Chateaubriand ne se sont évidemment pas conçus comme « pré- » romantiques, ils ne se sont évidemment pas conçus comme « pré- » quoi que ce soit, autrement dit, ils n'ont pas compris leurs productions comme de simples préfigurations, mais au contraire comme tenant tout entières en elles-mêmes[1], bien que vouées, par un autre aspect, à éveiller de nouvelles sensibilités. Il y a ici une illusion du même ordre que celle, plus générale, qui nous empêche d'admettre la création de vérités — ainsi, plus principiellement encore, que la création de réalités. Et de la critique de cette illusion, Bergson tire deux enseignements pour l'historien. D'une part, le travail de celui-ci consiste bien en un *découpage* du passé. Soit l'avènement de la démocratie, que Bergson considère comme « le fait capital des temps modernes[2] ». Les contemporains ne discernaient certainement pas cet événement ou ce fait comme tel, puisque ses « signes avant-coureurs » n'étaient pas encore unifiés, ce qui leur manquait pour être unifié étant précisément un événement qui n'était pas encore advenu, qui tout au plus était *en train* d'advenir. Autrement dit, c'est le regard, nécessairement

---

1. « Mouvement rétrograde du vrai », in *La pensée et le mouvant*, p. 16.
2. *Ibid.*, p. 17.

rétrospectif, de l'historien, qui découpe, dans le tissu mouvant du devenir politique, culturel ou social, des « faits » qui n'en deviennent, justement, qu'une fois qu'ils ont été découpés et établis. D'où le second précepte, moins explicitement dégagé par Bergson, qui porte la nécessité, pour l'historien, de réviser toujours ses découpages, et de les réviser dans le sens du *problème* nouveau et à chaque fois singulier qu'il cherche à créer : l'avènement de la démocratie aura sans doute valeur de fait pour celui qui s'intéresse à l'histoire politique, mais ses contours seront plus fluents encore pour celui qui s'intéresse, par exemple, à l'histoire de la médecine. Ces deux enseignements, qui sont partie intégrante, depuis plus d'un demi-siècle, de l'épistémologie de l'histoire, ont été explicitement rapportés à Bergson par un des auteurs, pourtant d'inspiration plus volontiers structuraliste et foucaldienne, qui ont le mieux contribué à constituer cette épistémologie sous une forme explicite, à savoir Paul Veyne[1]. Preuve, encore une fois, de la vivacité et de la postérité des analyses bergsoniennes pour tout le XXe siècle, et encouragement, pour nous, à continuer de les renouveler aujourd'hui.

---

1. Veyne, Paul, *Comment on écrit l'histoire*, Paris : Seuil, coll. « Points », 1971, p. 65-67, 423-424.

TEXTES COMMENTÉS

La durée

C'est que la durée et le mouvement sont des synthèses mentales, et non pas des choses ; c'est que, si le mobile occupe tour à tour les points d'une ligne, le mouvement n'a rien de commun avec cette ligne même ; c'est enfin que, si les positions occupées par le mobile varient avec les différents moments de la durée, s'il crée même des moments distincts par cela seul qu'il occupe des positions différentes, la durée proprement dite n'a pas de moments identiques ni extérieurs les uns aux autres, étant essentiellement hétérogène à elle-même, indistincte, et sans analogie avec le nombre.

Essai sur les données immédiates de la conscience, © PUF, p. 89

Il n'est pas douteux que le temps ne se confonde d'abord pour nous avec la continuité de notre vie intérieure. Qu'est-ce que cette continuité ? Celle d'un écoulement ou d'un passage, mais d'un écoulement et d'un passage qui se suffisent à eux-mêmes, l'écoulement n'impliquant pas une chose qui coule et le passage ne présupposant pas des états par lesquels on passe : la *chose* et l'*état* ne sont que des instantanés artificiellement pris sur la transition ; et cette transition, seule naturellement expérimentée, est la durée même. Elle est mémoire, mais non pas mémoire personnelle, extérieure à ce qu'elle retient, distincte d'un passé dont elle assurerait la conservation ; c'est une mémoire intérieure au changement lui-même, mémoire qui prolonge l'avant dans l'après et les empêche d'être de purs instantanés apparaissant et disparaissant dans un présent qui renaîtrait sans cesse.

Durée et simultanéité, © PUF, p. 41

Ces deux textes sont indispensables, chacun à sa manière, pour présenter la théorie bergsonienne du temps et ses difficultés. Le premier, peu connu malgré son caractère absolument décisif, se trouve au centre de l'*Essai sur les données immédiates de la conscience*, dans les pages mêmes où est proposée, pour la première fois, la théorie de la durée, et où cette dernière est classée, avec le mouvement et l'espace, quoiqu'en un autre sens que celui-ci, parmi les trois « actes » effectués par la conscience. Le second texte ouvre le troisième chapitre de *Durée et simultanéité*, intitulé « De la nature du temps », qui constitue un authentique « Traité du temps » bergsonien, au sens où l'on parle d'un « Traité du temps » pour la seconde partie du chapitre IV de la *Physique* d'Aristote. Bergson, en effet, reprend, jusqu'en ses fondements, la théorie du temps qu'il soutient et élabore depuis l'*Essai*, comme contraint, par la théorie de la relativité, et surtout par les fausses analogies qu'on pourrait s'empresser de découvrir entre cette théorie et la doctrine bergsonienne, à mettre en lumière des aspects qu'il avait, le plus souvent, maintenu implicites.

Le premier texte affirme en propres termes, ce qui est rare sous la plume de Bergson, la thèse décisive selon laquelle la durée est une « synthèse mentale », c'est-à-dire qu'elle est faite par la conscience et non pas donnée dans les choses ; le second précise légitimement que cette synthèse est immanente, puisqu'elle est « intérieure au changement lui-même ». Mais si la durée est une synthèse, on est en droit de se demander *de quoi* elle est la synthèse : cette question, le premier texte la pose, sous la forme d'une difficulté. Partons de l'idée que le mouvement est une synthèse entre des positions : cette doctrine, Bergson ne saurait l'accepter tout à fait, puisque le mouvement est indivisible, et qu'il ne consiste pas à franchir, l'une après l'autre, des positions qui seraient données d'abord ; c'est pourquoi Bergson corrige aussitôt, en affirmant que le mobile « crée » des moments distincts par le fait qu'il occupe des positions différentes. Maintenant, il nous serait impossible de saisir le mouvement comme mouvement, si notre conscience, par elle-même, ne durait pas ; dès lors, il faut faire reculer l'analyse d'un cran, et reconnaître que c'est la durée qui *fait* durer le mouvement dans sa capacité même à créer des positions. On doit donc admettre, dans la durée elle-même, à la fois l'indivisibilité profonde qui la distingue de l'espace, à la fois la capacité de se diviser en *moments* distincts — auxquels correspondront les moments du mouvement —, et ces moments de la durée sont créés dans l'acte même par lequel ils sont retenus et prolongés les uns dans les autres, ce en quoi consiste exactement la synthèse qu'est la durée. *La durée est donc une synthèse active immanente qui crée ses propres moments, à savoir les éléments sur lesquels elle s'exerce, dans l'acte même par lequel elle les retient et les prolonge les uns dans les autres.*

Et c'est pourquoi il est essentiel à la durée d'être *mémoire*, comme le souligne le second texte. La mémoire n'est pas une faculté qui serait donnée à l'esprit on ne sait trop pourquoi, elle nomme la synthèse même en quoi consiste le temps : retenir les moments, c'est bien les unifier en un acte de synthèse, quoiqu'en les laissant subsister les uns à côté des autres comme autant de qualités qui diffèrent en nature. Bergson remarque au moins une fois, dans un texte contemporain de *Durée et simultanéité*[1], qu'en se donnant la durée, objet de son premier livre (l'*Essai*), il s'était donné la mémoire, objet de son deuxième livre (*Matière et mémoire*).

Enfin, c'est cet ensemble de considérations qui permet d'apercevoir la vraie différence entre la durée et l'espace, c'est-à-dire, non pas entre l'unité et la multiplicité, mais entre deux multiplicités : la durée, nous dit le premier texte, est multiplicité « hétérogène », multiplicité « indistincte », autant d'expressions topiques du bergsonisme dès l'*Essai*. Même, la durée est « hétérogène à elle-même », formulation à laquelle Deleuze seul, à notre connaissance, a su donner toute sa portée[2] : non seulement les parties de la durée sont hétérogènes les unes aux autres, mais la durée en tant que telle est hétérogène à elle-même, c'est-à-dire qu'elle diffère d'elle-même, étant la différence pure. Et la durée est « sans analogie avec le nombre » : non pas qu'elle soit simplement indénombrable, mais que la question de sa numérabilité, si l'on peut dire, n'est pas pertinente, dans la mesure où cette question s'applique exclusivement à l'autre même de la durée, à savoir l'espace. La « chose » et l'« état » du second texte renvoient à ce dernier, ou plutôt à une spatialisation déjà effectuée de la matière. Chose et état sont, selon la métaphorique bergsonienne, des « vues » prises sur un

---

1. « De la position des problèmes », in *La pensée et le mouvant*, p. 80.
2. Deleuze, « La conception bergsonienne de la différence », in *Les études bergsoniennes*, t. IV, Paris : Albin Michel, 1956, p. 79-112.

« simple » qu'est le mouvement, et le « présent qui recommence sans cesse » désigne régulièrement, sous la plume de Bergson, tantôt la matière[1], tantôt, selon une autre direction argumentative, l'espace[2].

---

1. *Matière et mémoire*, p. 154, 168, 236 ; « La conscience et la vie », in *L'énergie spirituelle*, p. 5 ; « L'âme et le corps », *op. cit.*, p. 32-33 ; « L'intuition philosophique », in *La pensée et le mouvant*, p. 142 ; « Introduction à la métaphysique », *op. cit.*, p. 184.
2. *L'évolution créatrice*, p. 202.

La conscience

Que sera-ce, si vous introduisez dans vos raisonnements et vos calculs l'hypothèse que la chose dénommée par vous « temps » *ne peut pas*, sous peine de contradiction, être perçue par une conscience, réelle ou imaginaire ? Ne sera-ce pas alors, par définition, sur un temps fictif, irréel, que vous opérerez ? Or tel est le cas des temps auxquels nous aurons souvent affaire dans la théorie de la Relativité. Nous en rencontrerons de perçus ou de perceptibles ; ceux-là pourront être tenus pour réels. Mais il en est d'autres auxquels la théorie défend, en quelque sorte, d'être perçus ou de devenir perceptibles : s'ils le devenaient, ils changeraient de grandeur, — de telle sorte que la mesure, exacte si elle porte sur ce qu'on n'aperçoit pas, serait fausse aussitôt qu'on apercevrait. Ceux-ci, comment ne pas les déclarer irréels, au moins en tant que « temporels » ? J'admets que le physicien trouve commode de les appeler encore du temps ; — on en verra tout à l'heure la raison. Mais si l'on assimile ces Temps à l'autre, on tombe dans des paradoxes qui ont certainement nui à la théorie de la Relativité, encore qu'ils aient contribué à la rendre populaire. On ne s'étonnera donc pas si la propriété d'être perçu ou perceptible est exigée par nous, dans la présente recherche, pour tout ce qu'on nous offrira comme du réel. Nous ne trancherons pas la question de savoir si toute réalité possède ce caractère. Il ne s'agira ici que de la réalité du temps.

Durée et simultanéité, © PUF, p. 67.

C'est dans ce paragraphe, plus qu'ailleurs peut-être, qu'on perçoit la véritable nature de l'argument que Bergson dirige contre certains interprètes d'Einstein — dont il faut d'ailleurs, dans l'esprit du philosophe, distinguer Einstein lui-même, premier physicien à être parvenu, conformément à ce que Bergson estime être la vocation de la science, à présenter la théorie du mouvement en termes purement spatiaux[1]. Les « paradoxes » dont il est question aux deux tiers du texte, en effet, sont des paradoxes tels que celui de Langevin, affirmant que deux jumeaux, dont l'un reste sur Terre et dont l'autre part pour un voyage spatial à une vitesse proche de celle de la lumière, ne vieilliront pas de la même manière, *comme s'il y avait des temps distincts*. C'est cette idée d'une pluralité des temps, pourtant en apparence très proche de celle, bergsonienne, de la pluralité des durées, que Bergson ne saurait accepter. En effet, le temps dont on nous parle alors, c'est un temps abstrait, une pure fiction de calcul, un temps *qui n'est jamais vécu par aucune conscience*. Or, selon Bergson, et c'est la raison pour laquelle nous avons choisi de commenter ce texte — il donne un puissant éclairage sur toute la doctrine bergsonienne du temps et de la conscience —, *un temps qui n'est pas vécu par une conscience n'a de temps que le nom*. Et s'il en va ainsi, c'est que le temps n'est pas reçu par la conscience, il n'est pas un milieu dans lequel elle évolue, il est *fait* par la conscience. Parler de temps en soi, qui ne seraient faits par aucune conscience et qui, même, ne seraient en rapport avec aucune conscience, cela n'a aucun sens pour Bergson. Dès lors, celui-ci peut reprendre implicitement, et appliquer au temps — quoique au temps seul —, l'adage berkeleyen, selon lequel « être, c'est être perçu ». Pour le temps, nous dit Bergson, il est effectivement vrai de dire qu'être, c'est être perçu. Être perçu, c'est, en l'occurrence, être fait par une conscience.

---

1. *Durée et simultanéité*, p. 30-33, 180-181.

La mémoire

On chercherait vainement, en effet, à caractériser le souvenir d'un état passé si l'on ne commençait par définir la marque concrète, acceptée par la conscience, de la réalité présente. Qu'est-ce, pour moi, que le moment présent ? Le propre du temps est de s'écouler ; le temps déjà écoulé est le passé, et nous appelons présent l'instant où il s'écoule. Mais il ne peut être question ici d'un instant mathématique. Sans doute il y a un présent idéal, purement conçu, limite indivisible qui séparerait le passé de l'avenir. Mais le présent réel, concret, vécu, celui dont je parle quand je parle de ma perception présente, celui-là occupe nécessairement une durée. Où est donc située cette durée ? Est-ce en deçà, est-ce au-delà du point mathématique que je détermine idéalement quand je pense à l'instant présent ? Il est trop évident qu'elle est en deçà et au-delà tout à la fois, et que ce que j'appelle « mon présent » empiète tout à la fois sur mon passé et sur mon avenir. Sur mon passé d'abord, car « le moment où je parle est déjà loin de moi » ; sur mon avenir ensuite, car c'est sur l'avenir que ce moment est penché, c'est à l'avenir que je tends, et si je pouvais fixer cet indivisible présent, cet élément infinitésimal de la courbe du temps, c'est la direction de l'avenir qu'il montrerait. Il faut donc que l'état psychologique que j'appelle « mon présent » soit tout à la fois une perception du passé immédiat et une détermination de l'avenir immédiat. Or le passé immédiat, en tant que perçu, est, comme nous verrons, sensation, puisque toute sensation traduit une très longue succession d'ébranlements élémentaires ; et l'avenir immédiat, en tant que se déterminant, est action ou mouvement. Mon présent est donc à la fois sensation et mouvement ; et puisque mon présent forme un tout indivisé, ce mouvement doit tenir à cette sensation, la prolonger en action. D'où je conclus que mon présent consiste dans un système combiné de sensations et de mouvements. Mon présent est, par essence, sensori-moteur.

C'est dire que mon présent consiste dans la conscience que j'ai de mon corps. Étendu dans l'espace, mon corps éprouve des sensations et en même temps exécute des mouvements. Sensations et mouvements se localisant en des points déterminés de cette étendue, il ne peut y avoir, à un moment donné, qu'un seul système de mouvements et de sensations. C'est pourquoi mon présent me paraît être chose absolument déterminée, et qui tranche sur mon passé. Placé entre la matière qui influe sur lui et la matière sur laquelle

> il influe, mon corps est un centre d'action, le lieu où les impressions reçues choisissent intelligemment leur voie pour se transformer en mouvements accomplis ; il représente donc bien l'état actuel de mon devenir, ce qui, dans ma durée, est en voie de formation. Plus généralement, dans cette continuité de devenir qui est la réalité même, le moment présent est constitué par la coupe quasi instantanée que notre perception pratique dans la masse en voie d'écoulement, et cette coupe est précisément ce que nous appelons le monde matériel : notre corps en occupe le centre ; il est, de ce monde matériel, ce que nous sentons directement s'écouler ; en son état actuel consiste l'actualité de notre présent. La matière, en tant qu'étendue dans l'espace, devant se définir selon nous un présent qui recommence sans cesse, inversement notre présent est la matérialité même de notre existence, c'est-à-dire un ensemble de sensations et de mouvements, rien autre chose. Et cet ensemble est déterminé, unique pour chaque moment de la durée, justement parce que sensations et mouvements occupent des lieux de l'espace et qu'il ne saurait y avoir, dans le même lieu, plusieurs choses à la fois.
>
> *Matière et mémoire*, © PUF, p. 152-154

Il a fallu citer un peu longuement, parce que cette analyse du présent forme un tout indivisé, et qu'il était impossible de ne pas la reproduire, dans la mesure où elle fait fonctionner *en acte* le réseau conceptuel qui forme la structure de *Matière et mémoire*. Il eût été impensable en effet de ne pas montrer comment ce réseau fonctionne en acte, puisque c'est nous qui avons été conduit à l'abstraire des raisonnements et argumentations concrets que mène l'ouvrage. Mais notre commentaire sera d'autant plus bref que la citation a été longue.

Ce texte se trouve à peu près au centre du livre, au début d'un troisième chapitre qui peut être considéré, comme c'est souvent le cas chez Bergson, comme son sommet, et qui cherche à déterminer pour eux-mêmes les caractères de cette « mémoire pure » dont l'auteur présente la mise en évidence comme le résultat principal de son investigation. Mais en prenant pour objet le « présent » en tant que tel, Bergson nous montre, encore une fois, que c'est en termes de temps que tous les problèmes, et en particulier celui de la mémoire, doivent être posés. La centralité du passage est marquée, également et peut-être surtout, par le fait qu'il contient une déclaration sur le « propre du temps », déclaration unique dans le bergsonisme, et qui pourtant nous en livre, d'une certaine manière, toute la substance : « Le propre du temps est de s'écouler. »

Du présent, Bergson semble nous proposer une analyse classiquement augustinienne : « Le moment où je parle est déjà loin de moi », rappelle Bergson, citant, de mémoire, le livre XI des *Confessions*. Pourtant, ce « moment » appartient bien au présent, ce qui conduit, d'après une analyse effectivement augustinienne que Bergson répétera à de nombreuses reprises[1], à élargir le présent, à refuser de faire de lui un « instant mathématique » et à lui conférer une « épaisseur de durée[2] ». Mais alors, c'est toute sa nature qui change : si le présent est appuyé sur le passé, selon une expression de « La conscience et la vie[3] », alors il est sensoriel — la doctrine selon laquelle la sensation n'est pas instantanée, mais condense une longue série d'« ébranlements élémentaires », sera élucidée au quatrième chapitre de *Matière et mémoire*[4] —, et s'il « penche » vers l'avenir, d'après un terme que l'on retrouvera, également, dans « La conscience et la vie[5] », alors il est « moteur » ; or, dire, comme fait Bergson, que le présent est sensori-moteur, c'est, identiquement, affirmer qu'il est matériel, que son essence est la matière, et c'est, inversement, affirmer que *la matière est le présent, et rien d'autre* — ainsi que l'exprime la formule, déjà rencontrée par nous et maintes fois reprise par Bergson, selon laquelle la matière doit se définir comme « un présent qui recommence sans cesse ». C'est déterminer la matière en termes de temps, et c'est poser l'une des équations que nous avons énumérées dans les paragraphes consacrés à la mémoire.

Les autres équations s'ensuivent, et elles sont explicitement présentes dans le texte que nous lisons. La question même qui a conduit, ici, à caractériser la matière comme présent, c'est-à-dire à l'opposer à l'esprit, ou mémoire, comme passé, c'est celle de la différence de nature entre « souvenir » et « perception » (voir les premières lignes du texte) — le terme « perception » recevant d'ailleurs, à partir du premier tiers du passage, la signification de la « sensation » qui constitue le « passé immédiat ». Puis, le terme « actuel » est mobilisé, dans son opposition implicite, mais rigoureuse, à « virtuel » : si la première occurrence d'« actuel » paraît signifier, surtout, « contemporain » ou « de maintenant » — au

---

1. « La conscience et la vie », in *L'énergie spirituelle*, p. 5-6 ; « L'âme et le corps », *op. cit.*, p. 55-57 ; « La perception du changement », in *La pensée et le mouvant*, p. 168-169.
2. « La conscience et la vie », in *L'énergie spirituelle*, p. 5.
3. *Ibid.*, p. 6.
4. *Matière et mémoire*, p. 226-235.
5. « La conscience et la vie », in *L'énergie spirituelle*, p. 6.

sens où l'on parle des « *Regards sur le monde actuel* » —, la seconde renvoie bien à l'idée d'une existence en acte, par opposition à l'existence en puissance, et c'est précisément un geste philosophique accompli par Bergson que de passer du premier sens au second, signalant par là que l'actuel au sens du présent ne signifie rien d'autre que l'actuel au sens de ce qui existe en acte. Ainsi, « en l'état actuel [de notre corps] consiste l'actualité de notre présent ». Enfin, « mon présent consiste dans la conscience que j'ai de mon corps », par opposition à une inconscience éventuelle qui constitue le passé, c'est-à-dire le souvenir, c'est-à-dire, identiquement, le virtuel. Et Bergson s'apprête, dans la section qui suit immédiatement, à déterminer le mode d'être de l'inconscient[1].

Par la constitution de ce réseau conceptuel dans son ensemble sont affirmées à la fois, et maintenues ensemble, la *dimensionnalité* du temps, c'est-à-dire la différence de nature entre passé, présent et avenir — Bergson cherche la « marque concrète » de mon présent, qui est « chose absolument déterminée et qui tranche sur mon passé » — ; et sa *processualité*, c'est-à-dire son caractère d'écoulement. Mais c'est le second aspect qui est le plus fondamental, car il désigne le temps comme durée, c'est-à-dire comme le passage même, selon des degrés de tension variables, du virtuel à l'actuel, du passé au présent, du souvenir à la perception, de l'inconscient au conscient, de l'esprit ou mémoire, enfin, à la matière. Bergson peut donc concevoir une processualité qui ne renonce pas aux acquis de l'analyse du temps en termes de dimensions : par cette dernière analyse, et notamment par la manière dont le philosophe l'exerce ici, il se rapproche du Husserl, quasi contemporain, des *Leçons pour une phénoménologie de la conscience intime du temps* (1905). Mais c'est seulement par un appareil notionnel propre, qui n'est pas husserlien et implique des présupposés qui le sont encore moins, que Bergson est conduit à l'analyse du temps en termes de dimensions.

---

1. *Matière et mémoire*, p. 156-165.

Le possible

Dès lors, pour que Paul se représente adéquatement l'état de Pierre à un moment quelconque de son histoire, il faudra de deux choses l'une : ou que, semblable à un romancier qui sait où il conduit ses personnages, Paul connaisse déjà l'acte final de Pierre, et puisse joindre ainsi, à l'image des états successifs par lesquels Pierre va passer, l'indication de leur valeur par rapport à l'ensemble de son histoire ; — ou qu'il se résigne à passer lui-même par ces états divers, non plus en imagination, mais en réalité. La première de ces hypothèses doit être écartée, puisqu'il s'agit précisément de savoir si, les antécédents seuls étant donnés, Paul pourra prévoir l'acte final. Nous voici donc obligés de modifier profondément l'idée que nous nous faisions de Paul : ce n'est pas, comme nous l'avions pensé d'abord, un spectateur dont le regard plonge dans l'avenir, mais un acteur, qui joue par avance le rôle de Pierre. Et remarquez que vous ne sauriez lui épargner aucun détail de ce rôle, car les plus médiocres événements ont leur importance dans une histoire, et, à supposer qu'ils n'en eussent point, vous ne pourriez les juger insignifiants que par rapport à l'acte final, lequel, par hypothèse, n'est pas donné. Vous n'avez pas non plus le droit d'abréger — fût-ce d'une seconde — les divers états de conscience par lesquels Paul va passer avant Pierre ; car les effets du même sentiment, par exemple, s'ajoutent et se renforcent à tous les moments de la durée, et la somme de ces effets ne pourrait être éprouvée tout d'un coup que si l'on connaissait l'importance du sentiment, pris dans son ensemble, par rapport à l'acte final, lequel demeure précisément dans l'ombre. Mais si Pierre et Paul ont éprouvé dans le même ordre les mêmes sentiments, si leurs deux âmes ont la même histoire, comment les distinguerez-vous l'une de l'autre ? Sera-ce par le corps où elles habitent ? Elles différeraient alors sans cesse par quelque endroit, puisqu'elles ne se représenteraient le même corps à aucun moment de leur histoire. Sera-ce par la place qu'elles occupent dans la durée ? Elles n'assisteraient plus alors aux mêmes événements ; or, par hypothèse, elles ont le même passé et le même présent, ayant la même expérience. — Il faut maintenant que vous en preniez votre parti : Pierre et Paul sont une seule et même personne, que vous appelez Pierre quand elle agit et Paul quand vous récapitulez son histoire. À mesure que vous complétiez davantage la somme des conditions qui, une fois connues, eussent permis de prédire l'action future de Pierre, vous serriez de plus près l'existence de ce

> personnage, vous tendiez davantage à la revivre dans ses moindres détails, et vous arriviez ainsi au moment précis où, l'action s'accomplissant, il ne pouvait plus être question de la prévoir, mais simplement d'agir. Ici encore tout essai de reconstitution d'un acte émanant de la volonté même vous conduit à la constatation pure et simple du fait accompli.
>
> *Essai sur les données immédiates de la conscience*, © PUF, p. 140-142

Pourquoi présenter, sur la question du possible, un texte bien antérieur à ceux où cette question est, pour la première fois, posée explicitement ? C'est précisément que la critique du possible est implicite depuis le début du bergsonisme, au sens exact où elle est impliquée dans la théorie de la durée ; et le texte que nous venons de lire présente également l'avantage de livrer, sous sa forme la plus rigoureuse et la plus claire, l'argument qui servira plus tard à Bergson pour critiquer la catégorie de possible.

Ce texte est extrait du long mouvement argumentatif au cours duquel, dans le troisième chapitre de l'*Essai*, Bergson examine successivement, et réfute, les arguments des déterministes. Nous sommes même au cœur de ce mouvement, puisque Bergson, ici, envisage l'argument selon lequel tous nos actes peuvent, au moins en droit, être prévus, et l'imprévisibilité est bien le caractère essentiel de la durée. Jusque dans *L'évolution créatrice*, Bergson admettra qu'un mouvement peut, rétrospectivement, apparaître comme une succession de causes et d'effets, mais la véritable question est de savoir, dira-t-il alors, si ce mouvement, avant qu'il ne s'accomplisse, *pouvait être prévu tel qu'il est advenu*[1].

Dans la fiction que nous propose Bergson, Pierre est un homme qui s'apprête à accomplir une action, Paul est celui qui prétend pouvoir prédire cette action dans tous ses détails. Le caractère énigmatique de l'argument tient à des formules telles que « [Paul n'est pas] un spectateur dont le regard plonge dans l'avenir, mais un acteur, qui joue par avance le rôle de Pierre », ou « l'action s'accomplissant, il ne pouvait plus être question de la prévoir, mais simplement d'agir ». C'est une curieuse façon de tourner le raisonnement, que d'affirmer que celui qui prévoit finit par coïncider avec celui dont on prévoit l'action. Et

---

1. *L'évolution créatrice*, p. 27-29.

pourtant, à suivre l'argumentation de Bergson, on s'aperçoit que cette conséquence, pour étonnante qu'elle soit, n'est pas plus absurde que l'argumentation que propose le partisan de la prévision.

L'argument bergsonien est, en effet, que la prévision suppose la connaissance complète de toutes les circonstances qui pèseront sur l'action. Or, on le comprend tout de suite, aucune de ces circonstances ne doit être omise, y compris celles qui sont en apparence le plus insignifiantes. Aucune détermination sociale, éducative ou culturelle de l'existence de Pierre ne doit être négligée. Il en va de même des déterminations internes, c'est-à-dire psychologiques : caractère, tempérament, émotions momentanées, etc. Mais il y a plus, et cette troisième considération nous fait pénétrer au cœur d'une analyse dont on s'aperçoit qu'elle ne peut être que bergsonienne : c'est dans leur durée même que ces déterminations psychologiques doivent être vécues par celui qui prétend prévoir, car *la durée d'un sentiment n'est pas autre chose que ce sentiment lui-même, le sentiment trouvant précisément son étoffe dans la durée*. Dès lors, celui qui veut prévoir doit coïncider avec celui dont on prévoit l'action, il doit recevoir les mêmes déterminations que lui, et pendant le même temps exactement. Car le temps, ici, n'est pas un coefficient extérieur, ou *pour le temps, être, c'est être perçu*. On ne peut pas noter, en adoptant une position de spectateur, les déterminations qui pèseront sur un choix, il faut être l'individu même qui choisit, pour saisir ces déterminations comme telles. Remarquons, d'ailleurs, que Bergson, ici, considère comme essentielles à l'individu non seulement ses déterminations temporelles, mais aussi ses déterminations spatiales, ou mieux locales, puisqu'il affirme que le « corps » même de l'individu ne saurait être abstrait de sa personne[1]. Tout cela signifie bien, comme le dit Bergson, qu'on ne saurait simplement prévoir l'action d'un autre individu, mais qu'il faut *être* cet individu, si l'on veut prévoir adéquatement son action ; or, si l'on *est* cet individu, alors il ne s'agit plus, au moment de l'action, de la prévoir — c'est-à-dire, précise la fin du texte, de la « reconstituer » ou de la reconstruire —, mais seulement de l'accomplir. CQFD.

L'argument que Bergson meut ici, c'est donc bien celui de l'*analyse complète*. Il le dit lui-même très clairement : « À mesure que vous complétiez davantage

---

1. Il est un autre texte, à l'autre bout de l'œuvre de Bergson, où celui-ci accepte de considérer l'espace, et non seulement le temps, comme constitutif d'une existence, par opposition au simple milieu dans lequel elle trouverait place. Mais il s'agit alors, tout comme ici, de l'étendue perçue (« Le possible et le réel », in *La pensée et le mouvant*, p. 105).

la somme des conditions qui, une fois connues, eussent permis de prédire l'action future de Pierre, vous serriez de plus près l'existence de ce personnage. » Autrement dit, soit la notion de Pierre, ou « Pierre possible », à l'instant qui précède l'action : si Paul entreprend l'analyse de cette notion, alors au fur et à mesure qu'il la poursuivra, il viendra coïncider avec Pierre, parce qu'il devra prendre en considération des éléments qui seront de plus en plus inséparables de l'existence concrète, saisie dans sa durée propre, de Pierre. Mais alors, le « Pierre » avec lequel Paul viendra coïncider, ce ne sera plus « Pierre possible », ce sera nécessairement « Pierre réel », avec toute la richesse de qualités qui le caractérise. Ce qui signifie que le possible, au fur et à mesure qu'on poursuit son analyse complète, est amené à coïncider avec le réel, et non plus avec un réel ponctuel et monadique, mais avec *tout* le réel, puisque « Pierre réel » est inséparable, par ses caractères mêmes, de l'ensemble du monde dans lequel il existe. Le Dieu de Leibniz, instance transcendante qui est censée scruter tous les possibles, est amené à se confondre avec celui de Spinoza, qui est le procès même d'actualisation d'un monde qui n'est surplombé par aucun possible.

L'intuition

Disons-le pour conclure : cette faculté n'a rien de mystérieux. Quiconque s'est exercé avec succès à la composition littéraire sait bien que lorsque le sujet a été longuement étudié, tous les documents recueillis, toutes les notes prises, il faut, pour aborder le travail de composition lui-même, quelque chose de plus, un effort, souvent pénible, pour se placer tout d'un coup au cœur même du sujet et pour aller chercher aussi profondément que possible une impulsion à laquelle il n'y aura plus ensuite qu'à se laisser aller. Cette impulsion, une fois reçue, lance l'esprit sur un chemin où il retrouve et les renseignements qu'il avait recueillis et d'autres détails encore ; elle se développe, elle s'analyse elle-même en termes dont l'énumération se poursuivrait sans fin ; plus on va, plus on en découvre ; jamais on n'arrivera à tout dire : et pourtant, si l'on se retourne brusquement vers l'impulsion qu'on sent derrière soi pour la saisir, elle se dérobe ; car ce n'était pas une chose, mais une incitation au mouvement, et, bien qu'indéfiniment extensible, elle est la simplicité même. L'intuition métaphysique paraît être quelque chose du même genre. Ce qui fait pendant ici aux notes et documents de la composition littéraire, c'est l'ensemble des observations et des expériences recueillies par la science positive et surtout par une réflexion de l'esprit sur l'esprit. Car on n'obtient pas de la réalité une intuition, c'est-à-dire une sympathie spirituelle avec ce qu'elle a de plus intérieur, si l'on n'a pas gagné sa confiance par une longue camaraderie avec ses manifestations superficielles. Et il ne s'agit pas simplement de s'assimiler les faits marquants ; il en faut accumuler et fondre ensemble une si énorme masse qu'on soit assuré, dans cette fusion, de neutraliser les unes par les autres toutes les idées préconçues et prématurées que les observateurs ont pu déposer, à leur insu, au fond de leurs observations. Ainsi seulement se dégage la matérialité brute des faits connus. Même dans le cas simple et privilégié qui nous a servi d'exemple, même pour le contact direct du moi avec le moi, l'effort définitif d'intuition distincte serait impossible à qui n'aurait pas réuni et confronté ensemble un très grand nombre d'analyses psychologiques. Les maîtres de la philosophie moderne ont été des hommes qui s'étaient assimilé tout le matériel de la science de leur temps. Et l'éclipse partielle de la métaphysique depuis un demi-siècle a surtout pour cause l'extraordinaire difficulté que le philosophe éprouve aujourd'hui à prendre contact avec une science devenue beaucoup plus éparpillée. Mais l'intuition métaphysique, quoiqu'on n'y puisse arriver qu'à force de connaissances matérielles, est tout autre chose que le résumé ou la synthèse de ces connaissances. Elle s'en distingue comme l'impulsion motrice se distingue du chemin parcouru par le mobile, comme la tension du ressort se distingue des mouvements visibles dans la pendule. En ce sens, la métaphysique n'a rien de commun avec une généralisation de l'expérience, et néanmoins elle pourrait se définir l'*expérience intégrale*.

« Introduction à la métaphysique », in *La pensée et le mouvant*, © PUF, p. 225-227

Voilà le texte où Bergson, à la fin d'un article-manifeste qui présente la notion d'intuition et, du même coup, en appelle à un renouveau de la métaphysique après « un demi-siècle d'éclipse partielle », s'attache à montrer que cette notion d'intuition n'a rien d'extravagant ou de « mystérieux », qu'au contraire nous faisons usage de l'intuition dès lors que notre pensée est quelque peu active et créatrice. On comprendra que cette diatribe contre une mauvaise interprétation, qui conduirait à assimiler l'intuition bergsonienne à celles, par exemple, de Schelling et de Schopenhauer[1], tienne beaucoup à cœur à Bergson, et qu'il la mène à nouveau, presque dans les mêmes termes, à plusieurs endroits de son œuvre[2].

En même temps qu'il montre notre familiarité, pourtant ignorée, avec l'usage de l'intuition, et en raison même de cette familiarité, Bergson peut proposer une mise au point sur le rapport entre la science positive et la « métaphysique » inaugurée par lui, répondant ainsi à des critiques qui lui ont déjà été faites, et prévoyant, surtout, la foule d'objections que suscitera son prochain livre, *L'évolution créatrice*. L'« intuition métaphysique », dit Bergson en une formule qui ramasse les deux enjeux principaux de l'article dont nous lisons le dernier paragraphe, suppose une « longue camaraderie » avec les faits, c'est-à-dire avec le donné auquel nous fait accéder la seule science positive. Mais ce n'est pas que le philosophe doive simplement se « renseigner », ou satisfaire à une exigence purement extérieure, conventionnelle et institutionnelle, d'exhaustivité méthodologique : c'est que le donné scientifique est la *matière* même l'intuition métaphysique, ou, pourrait-on dire, la substance à laquelle elle se nourrit, ainsi que l'envers, mais en même temps la condition, du mouvement indivisible qu'elle constitue — l'« impulsion motrice », dans sa distinction avec le « chemin

---

1. « De la position des problèmes », in *La pensée et le mouvant*, p. 25-27.
2. Cf. *Les deux sources de la morale et de la religion*, p. 43-44, 268-270.

parcouru », ou la « tension du ressort », dans son opposition aux oscillations de l'aiguille, venant manifester, sous forme d'exemples, l'indivisibilité, c'est-à-dire la simplicité, du mouvement dont il s'agit. Il n'y a pas, entre le domaine métaphysique et le domaine scientifique, la simple différence qui existe entre deux « régions » de phénomènes, pas plus qu'il n'y a, entre la métaphysique et la science, la distinction qu'on trouverait entre deux degrés de proximité avec les faits — la métaphysique ne pouvant devenir alors, selon une conception que Bergson n'aura de cesse de contester, qu'une « généralisation de l'expérience », faisant valoir sa prétendue supériorité hiérarchique par rapport à la science[1] — ; il y a, entre métaphysique et science, l'opposition, formulable en termes de durée, qui a lieu entre le mouvement simple et les vues qu'on prend sur lui, celles-ci étant, dans le cas qui nous occupe, la condition à laquelle le mouvement, celui de l'intuition, peut être engagé.

Le point principal, en effet, est que l'intuition se définit comme un *mouvement*, et non simplement comme un *voir*. Mais ce n'est pas que l'intuition cesse d'être un acte ou un geste théorique, bien au contraire : c'est que l'intuition, telle que Bergson la conçoit, est capable d'accueillir et d'unir dans sa définition à la fois une dimension théorique et une dimension active ou pratique, c'est-à-dire qu'elle est en même temps, et indissociablement, *création* — l'esprit, dans le mouvement par lequel il rend compte des faits qu'il s'est assimilé, y découvrant « d'autres détails encore » —, et *contemplation*. Si l'intuition, en effet, prétend à être *coïncidence* avec ce dont elle est intuition — ou « sympathie spirituelle avec ce que [la réalité] a de plus intérieur », écrit Bergson en écho avec une autre définition, plus célèbre, que l'article donnait auparavant[2] —, alors elle ne peut être que mouvement, ou « impulsion », la réalité avec laquelle elle est amenée à s'identifier étant mouvement. Et c'est pourquoi elle pourra se caractériser, dans *Les deux sources*, effectivement comme création, mais aussi, de surcroît, comme émotion.

Or, l'« impulsion » indivisible dont nous parle Bergson, il est difficile de contester qu'elle appartienne à notre expérience, du moins lorsque nous nous sommes effectivement exercés, si peu que ce soit — et pourtant « avec suc-

---

1. *L'évolution créatrice*, p. 195-196 ; « L'intuition philosophique », in *La pensée et le mouvant*, p. 134-138.
2. « Introduction à la métaphysique », in *La pensée et le mouvant*, p. 181.

cès » —, à la composition littéraire : nous percevons bien la différence qu'il y a entre écrire un texte d'un seul élan, comme poussés par l'exigence simple, et pourtant déjà en train de se diviser, de ce qui est « à dire » — non sans éprouver, toutefois, l'inquiétude même de la pensée, en un effort « souvent pénible » et dans la crainte que « jamais on n'arrivera à tout dire » —, et d'autre part les cas, désespérants, où nous croyons pousser des mots les uns à la suite des autres, où il nous semble que nous aurions pu dire tout autre chose que ce que nous disons, voire le contraire ; et cela, dans bien des cas, parce que nous nous sommes effectivement donné une information insuffisante sur l'objet dont il retourne, faute, donc, de « camaraderie » avec les faits.

Une intuition qui n'est pas seulement regard théorique, mais qui est également impulsion, donc émotion et création, doit nous permettre de ressaisir, et d'engager dans une visée contemplative, toutes les virtualités de notre être : c'est ce que Bergson proclame ici — avant d'asseoir cette thèse sur des fondements nouveaux dans *L'évolution créatrice*[1] —, en donnant à la nouvelle philosophie le mot d'ordre de l'« expérience intégrale », qui fait pendant à l'« empirisme radical » de James. La philosophie, selon Bergson, est expérience de l'*intégralité* du monde, parce qu'aucune de ses régions, matérielle ou spirituelle, ne saurait se dérober de parti pris à notre investigation ; elle est ensuite *intégralement* expérience, parce que l'opposition du mouvement simple et des vues intellectuelles qu'on prend sur lui rend caduque, dans une très large mesure, la distinction kantienne entre l'*a priori* et l'*a posteriori*, et confère à nouveau, à l'expérience dont il s'agit, le caractère d'un *absolu* ; la philosophie procède enfin par *intégrations qualitatives*, selon une image mathématique que Bergson justifie plus haut dans l'article[2], parce qu'un mouvement qui est la qualité, c'est-à-dire la réalité même, ne peut pourtant être atteint, le plus souvent, qu'à travers ses éléments, disjoints par la pratique. Nous devons *intégrer* ces éléments, pour retrouver, dans leur liaison, le mouvement simple qui les a déposés sous lui.

---

1. *L'évolution créatrice*, p. 177-180.
2. « Introduction à la métaphysique », in *La pensée et le mouvant*, p. 215 ; cf. le propos de *Matière et mémoire* sur le « tournant de l'expérience » (*Matière et mémoire*, p. 203-206).

L'élan vital, le simple

En général, quand un même objet apparaît d'un côté comme simple et de l'autre comme indéfiniment composé, les deux aspects sont loin d'avoir la même importance, ou plutôt le même degré de réalité. La simplicité appartient alors à l'objet même, et l'infini de complication à des vues que nous prenons sur l'objet en tournant autour de lui, aux symboles juxtaposés par lesquels nos sens ou notre intelligence nous le représentent, plus généralement à des éléments d'*ordre différent* avec lesquels nous essayons de l'imiter artificiellement, mais avec lesquels aussi il reste incommensurable, étant d'une autre nature qu'eux. Un artiste de génie a peint une figure sur la toile. Nous pourrons imiter son tableau avec des carreaux de mosaïque multicolores. Et nous reproduirons d'autant mieux les courbes et les nuances du modèle que nos carreaux seront plus petits, plus nombreux, plus variés de ton. Mais il faudrait une infinité d'éléments infiniment petits, présentant une infinité de nuances, pour obtenir l'exact équivalent de cette figure que l'artiste a conçue comme une chose simple, qu'il a voulu transporter en bloc sur la toile, et qui est d'autant plus achevée qu'elle apparaît mieux comme la projection d'une intuition indivisible. Maintenant, supposons nos yeux ainsi faits qu'ils ne puissent s'empêcher de voir dans l'œuvre du maître un effet de mosaïque. Ou supposons notre intelligence ainsi faite qu'elle ne puisse s'expliquer l'apparition de la figure sur la toile autrement que par un travail de mosaïque. Nous pourrions alors parler simplement d'un assemblage de petits carreaux, et nous serions dans l'hypothèse mécanistique. Nous pourrions ajouter qu'il a fallu, en outre de la matérialité de l'assemblage, un plan sur lequel le mosaïste travaillât : nous nous exprimerions cette fois en finalistes. Mais ni dans un cas ni dans l'autre nous n'atteindrions le processus réel, car il n'y a pas eu de carreaux assemblés. C'est le tableau, je veux dire l'acte simple projeté sur la toile, qui, par le seul fait d'entrer dans notre perception, s'est décomposé lui-même à nos yeux en mille et mille petits carreaux qui présentent, en tant que recomposés, un admirable arrangement. Ainsi l'œil, avec sa merveilleuse complexité de structure, pourrait n'être que l'acte simple de la vision, en tant qu'il se divise pour nous en une mosaïque de cellules, dont l'ordre nous semble merveilleux une fois que nous nous sommes représenté le tout comme un assemblage.

L'évolution créatrice, © PUF, p. 90-91

Ce grand texte appartient à la section qui, à la fin du premier chapitre de *L'évolution créatrice*, présente l'image de l'élan vital. En même temps, il constitue le texte le plus paradigmatique, et au vocabulaire le plus définitif, d'une théorie que Bergson élabore explicitement depuis 1903 et l'« Introduction à la métaphysique », à savoir la théorie de la simplicité.

Ici, entre le simple et les « vues » ou « symboles » qu'on prend sur lui, il y a une différence de « degré de réalité », d'« ordre », ou surtout de « nature ». Mais précisément, l'expression « degré de réalité » ne doit pas nous faire croire à l'affirmation, par Bergson, d'une échelle des êtres, telle qu'on la trouve pourtant au quatrième chapitre de *Matière et mémoire* : car le modèle présenté ici n'admet que deux degrés de réalité, l'un supérieur et l'autre inférieur. Le premier degré est rapporté à la durée en tant que processus, le second à l'appréhension subjective, c'est-à-dire, ici, intellectuelle, que nous nous en donnons. Mais Bergson ne réduira pas toujours les « vues » à une appréhension subjective, puisqu'il est obligé, lorsqu'il caractérise par elles la matière, d'attribuer à celle-ci une réalité effective d'un certain type.

Surtout, nous mesurons exactement la portée et la signification de l'hypothèse bergsonienne d'une poussée immanente à la vie dans son ensemble, hypothèse présentée selon l'image de l'élan vital : c'est à la recherche du « processus réel » que Bergson formule cette hypothèse, le « processus réel » devant être opposé aux reconstructions de la réalité que nous donnent le finalisme et le mécanisme – et dont procède tout étonnement téléologique, voire théologique, comme on s'en aperçoit à la fin du passage. L'hypothèse de l'élan vital, si étonnante qu'elle soit, est donc étonnante non pas parce qu'elle nous conduirait au-delà de la réalité ou de l'expérience, mais précisément *parce qu'elle nous y ramène*. Il ne s'agit jamais, chez Bergson, de rechercher le « modèle » qui nous permettrait, *par après*, de retrouver l'expérience telle qu'elle se donne, mais de *s'installer d'emblée* dans cette expérience, pour se demander comment elle s'y prend pour se donner comme elle se donne. Or, cet acte de « s'installer » est exactement ce que Bergson appelle « intuition » : d'où la présence de ce terme au centre du texte. L'intuition n'est pas le regard que nous jetterions, de l'extérieur, sur la réalité, elle est bien un acte de coïncider avec elle, et c'est pourquoi, d'une manière d'abord surprenante, Bergson identifie l'intuition de l'artiste avec le mouvement même par lequel il opère sur la toile.

Théorie de la différence : les « articulations du réel »

Nous ne nous appesantirons pas ici sur les trois autres arguments de Zénon. Nous les avons examinés ailleurs. Bornons-nous à rappeler qu'ils consistent encore à appliquer le mouvement le long de la ligne parcourue et à supposer que ce qui est vrai de la ligne est vrai du mouvement. Par exemple, la ligne peut être divisée en autant de parties qu'on veut, de la grandeur qu'on veut, et c'est toujours la même ligne. De là on conclura qu'on a le droit de supposer le mouvement articulé comme on veut, et que c'est toujours le même mouvement. On obtiendra ainsi une série d'absurdités qui toutes exprimeront la même absurdité fondamentale. Mais la possibilité d'appliquer le mouvement *sur* la ligne parcourue n'existe que pour un observateur qui, se tenant en dehors du mouvement et envisageant à tout instant la possibilité d'un arrêt, prétend recomposer le mouvement réel avec ces immobilités possibles. Elle s'évanouit dès qu'on adopte par la pensée la continuité du mouvement réel, celle dont chacun de nous a conscience quand il lève le bras ou avance d'un pas. Nous sentons bien alors que la ligne parcourue entre deux arrêts se décrit d'un seul trait indivisible, et qu'on chercherait vainement à pratiquer dans le mouvement qui la trace des divisions correspondant, chacune à chacune, aux divisions arbitrairement choisies de la ligne une fois tracée. La ligne parcourue par le mobile se prête à un mode de décomposition quelconque parce qu'elle n'a pas d'organisation interne. Mais tout mouvement est articulé intérieurement. C'est ou un bond indivisible (qui peut d'ailleurs occuper une très longue durée) ou une série de bonds indivisibles. Faites entrer en ligne de compte les articulations de ce mouvement, ou bien alors ne spéculez pas sur sa nature.

L'évolution créatrice, © PUF, p. 309-310

Voilà le grand texte sur ce que Bergson appelle les « articulations du réel ». Le réel, bien qu'il ne soit traversé d'aucun néant, n'est pas un bloc absolument indivisé, il admet des fêlures ou des brisures — ce que Bergson appelle des « articulations » —, et c'est ce qui lui permet de donner prise au discours. En termes théoriques, ces « articulations » sont les différences de nature. Les différences de degré correspondent, au contraire, aux « divisions arbitraires » que l'intelligence tente de pratiquer sur un mouvement simple, étant entendu que ces divisions sont légitimes lorsqu'il s'agit de l'espace. Et on s'aperçoit d'une part que de telles divisions sont opérées par le même esprit qui « recompose » ou reconstruit le mouvement, d'autre part qu'elles sont de même nature que le « possible » : celui qui ne dispose pas de cette dernière catégorie est incapable de se représenter la simple « possibilité » d'un arrêt. Enfin, si le même mouvement contient plusieurs articulations, alors la considération de leur succession sera, rigoureusement, saisie de *degrés intensifs*, c'est-à-dire d'étapes, différant pourtant en nature les unes des autres, par lesquelles le mouvement s'engendre lui-même de l'intérieur. La « spéculation », qui relaye ici l'intuition, est saisie de ces degrés intensifs et des différences de nature comme telles, par opposition à la reconstruction intellectuelle du mouvement à partir de ce qu'il pourrait être, ou encore des différences de degré qui jalonnent l'espace où il se déploie.

C'est également dans ce texte, autour de l'exemple du bond d'Achille — doublé de celui du bras qu'on lève —, qu'on trouve une des caractérisations bergsoniennes les plus discrètes, mais aussi les plus profondes, de la vie humaine en tant que telle : celle-ci serait un « bond indivisible » qui occupe une « très longue durée ». On ne cesse, semble nous suggérer Bergson, de se rapporter à sa propre vie comme à un trajet qui serait constitué d'étapes successives, déjà données, et que nous nous contenterions de franchir les unes après les autres ; d'où la tristesse de celui qui croit ne pas se trouver « où » il devrait être, d'où le désespoir de celui qui conçoit, par avance, le vide qui succédera à la dernière étape et retire ainsi tout sens aux étapes précédentes. Cette illusion procéderait elle-même du fonctionnement mécanique de notre intelligence. Le sens de notre vie ne peut pas être donné en avant, sur le mode du but à atteindre ou du possible à réaliser, mais seulement en arrière, pour un regard qui saisit la totalité indivisible du passé comme une plénitude absolument singulière et qui n'aurait pas pu être autre qu'elle n'est. Ce regard, qui ne se porte pas sur le possible, est, précisément pour cette raison, le seul qui puisse considérer un *avenir* comme tel : il est celui de la « joie ».

Genèse et généalogie de l'idée de néant

En résumé, pour un esprit qui suivrait purement et simplement le fil de l'expérience, il n'y aurait pas de vide, pas de néant, même relatif ou partiel, pas de négation possible. Un pareil esprit verrait des faits succéder à des faits, des états à des états, des choses à des choses. Ce qu'il noterait à tout moment, ce sont des choses qui existent, des états qui apparaissent, des faits qui se produisent. Il vivrait dans l'actuel et, s'il était capable de juger, il n'affirmerait jamais que l'existence du présent.

Dotons cet esprit de mémoire et surtout du désir de s'appesantir sur le passé. Donnons-lui la faculté de dissocier et de distinguer. Il ne notera plus seulement l'état actuel de la réalité qui passe. Il se représentera le passage comme un changement, par conséquent comme un contraste entre ce qui a été et ce qui est. Et comme il n'y a pas de différence essentielle entre un passé qu'on se remémore et un passé qu'on imagine, il aura vite fait de s'élever à la représentation du possible en général.

Il s'aiguillera ainsi sur la voie de la négation. Et surtout il sera sur le point de se représenter une disparition. Il n'y arrivera pourtant pas encore. Pour se représenter qu'une chose a disparu, il ne suffit pas d'apercevoir un contraste entre le passé et le présent ; il faut encore tourner le dos au présent, s'appesantir sur le passé, et penser le contraste du passé avec le présent en termes de passé seulement, sans y faire figurer le présent.

L'idée d'abolition n'est donc pas une pure idée ; elle implique qu'on regrette le passé ou qu'on le conçoit regrettable, qu'on a quelque raison de s'y attarder. Elle naît lorsque le phénomène de la substitution est coupé en deux par un esprit qui n'en considère que la première moitié, parce qu'il ne s'intéresse qu'à elle. Supprimez tout intérêt, toute affection : il ne reste plus que la réalité qui coule, et la connaissance indéfiniment renouvelée qu'elle imprime en nous de son état présent.

De l'abolition à la négation, qui est une opération plus générale, il n'y a maintenant qu'un pas. Il suffit qu'on se représente le contraste de ce qui est, non seulement avec ce qui a été, mais encore avec tout ce qui aurait pu être.

> Et il faut qu'on exprime ce contraste en fonction de ce qui aurait pu être et non pas de ce qui est, qu'on affirme l'existence de l'actuel en ne regardant que le possible. La formule qu'on obtient ainsi n'exprime plus simplement une déception de l'individu : elle est faite pour corriger ou prévenir une erreur, qu'on suppose plutôt être l'erreur d'autrui. En ce sens, la négation a un caractère pédagogique et social.
>
> L'évolution créatrice, © PUF, p. 294-295

Ce texte montre admirablement comment Bergson s'y prend pour opérer une *genèse*. Il s'agit du début de la genèse de l'idée de néant, dans le quatrième chapitre de *L'évolution créatrice* — c'est-à-dire de la genèse de cela même qui empêche notre esprit, dans son fonctionnement habituel et pragmatique, d'opérer des genèses. La genèse n'est pas la généalogie : par cette dernière, à laquelle Bergson vient justement de procéder en ce qui concerne l'idée de néant[1], j'assigne, dans un passé qui est d'ailleurs *de toujours*, une origine affective et/ou sociale à une représentation ou à un comportement — je remonte donc du présent au passé —, tandis que la genèse consiste, tout à l'inverse, à suivre et à retracer, depuis son origine, l'évolution de cette représentation ou de ce comportement — je descends donc, pour ainsi dire, du passé vers le présent. Confondre les deux démarches, ce serait commettre un grave contresens sur le temps, puisque ce serait prendre les éléments que l'analyse généalogique dissocie après coup, pour les *éléments réels* des choses et de leur genèse, c'est-à-dire pour ce qui, effectivement, *était là d'abord*. Ce serait, selon une formule critique que Bergson adresse à de nombreuses reprises à Spencer, « reconstituer l'évolution avec des fragments de l'évolué[2] ».

Or, tel est le second aspect de la genèse, celle-ci ne peut s'effectuer que d'une manière discontinue, et ainsi partiellement arbitraire, si l'on admet qu'elle soit une opération de *connaissance*, donc partiellement *intellectuelle*, s'effectuant sur une réalité qui, quant à elle, est continue parce que mouvante.

---

1. *L'évolution créatrice*, p. 286-294.
2. *Ibid.*, p. 363.

C'est cette structure discontinue, qui vise pourtant à imiter au mieux la continuité qu'elle masque, que Bergson donne ici, de la manière à la fois la plus fine et la plus repérable, à son texte. Cette structure correspond en effet aux diverses *étapes* par lesquelles l'« esprit » en vient progressivement à se représenter, sous forme intellectuelle, un néant qui est d'abord vécu, c'est-à-dire, ici, donné sous forme affective.

Car tel est le troisième élément décisif du passage : lorsque Bergson doit opérer la généalogie, puis la genèse, d'une représentation, il procède à partir d'éléments qui sont surtout affectifs et sociaux — le terme « affection » étant utilisé, en réseau avec celui d'« intérêt ». Qu'on prenne garde en effet à la nature de ces éléments : Bergson commence par mentionner le « désir », qui est lui-même conditionné par la « mémoire ». Mais ce désir est d'emblée tourné vers le passé, il est « désir de s'appesantir sur le passé », ce qui l'apparente à la passion triste du « regret » — évoquée quelques lignes plus bas, à une étape ultérieure de la genèse. En tant qu'il est désir de s'appesantir sur le passé, ce désir est scrutation de ce qui *aurait pu* être — des « mondes possibles » ou de ce que Nietzsche appellera les « arrière-mondes » —, ou plutôt il est l'origine même de la catégorie de possible en tant que telle (catégorie que Bergson appelle la « représentation du possible en général »), corrélative à son tour de la forme grammaticale du conditionnel passé.

La « négation » sur la voie de laquelle Bergson place l'esprit est, quant à elle, non seulement d'ordre grammatical, mais, selon l'inextricabilité entre affectif, conceptuel et grammatical qui constitue précisément la *thèse* du texte, une *attitude*, que l'on pourrait dire existentielle ou vitale : celui qui acquiert la catégorie de négation, c'est, à présent, celui qui « tourne le dos au présent », qui « s'appesantit sur le passé ». Il est à peine exagéré de parler d'une négation au sens le plus actif du terme, c'est-à-dire d'un *refus*, qui est ici le refus du réel, analogue à l'envie ou au remords spinozistes, analogue, une nouvelle fois, au *ressentiment* nietzschéen.

Enfin, de même que l'envie ou le ressentiment sont toujours d'emblée affections éprouvées à l'égard ou à l'occasion d'un autre, de même la négation bergsonienne comme structure grammaticale et conceptuelle trouve bien vite son sens contextuel et pratique dans une *correction* que l'on se propose d'exercer à l'égard d'autrui, au sein d'une relation *pédagogique* présentée ici comme indissociable d'une relation de pouvoir, et liant deux ou plusieurs individus au sein d'un ensemble *social*. La négation comme catégorie théorique, de même que chez Nietzsche, a donc pour effet ultime de rendre possible une structuration morale et politique de la collectivité, selon les relations de puissance qui s'instituent entre ses éléments.

La morale

C'est la société qui trace à l'individu le programme de son existence quotidienne. On ne peut vivre en famille, exercer sa profession, vaquer aux mille soins de la vie journalière, faire ses emplettes, se promener dans la rue ou même rester chez soi, sans obéir à des prescriptions et se plier à des obligations. Un choix s'impose à tout instant ; nous optons naturellement pour ce qui est conforme à la règle. C'est à peine si nous en avons conscience ; nous ne faisons aucun effort. Une route a été tracée par la société ; nous la trouvons ouverte devant nous et nous la suivons ; il faudrait plus d'initiative pour prendre à travers champs. Le devoir, ainsi entendu, s'accomplit presque toujours automatiquement ; et l'obéissance au devoir, si l'on s'en tenait au cas le plus fréquent, se définirait un laisser-aller ou un abandon. D'où vient donc que cette obéissance apparaît au contraire comme un état de tension, et le devoir lui-même comme une chose raide et dure ? C'est évidemment que des cas se présentent où l'obéissance implique un effort sur soi-même. Ces cas sont exceptionnels ; mais on les remarque, parce qu'une conscience intense les accompagne, comme il arrive pour toute hésitation ; à vrai dire, la conscience est cette hésitation même, l'acte qui se déclenche tout seul passant à peu près inaperçu. Alors, en raison de la solidarité de nos obligations entre elles, et parce que le tout de l'obligation est immanent à chacune de ses parties, tous les devoirs se colorent de la teinte qu'a prise exceptionnellement tel ou tel d'entre eux. Du point de vue pratique, il n'y a aucun inconvénient, il y a même certains avantages à envisager ainsi les choses. Si naturellement, en effet, qu'on fasse son devoir, on peut rencontrer en soi de la résistance ; il est utile de s'y attendre, et de ne pas prendre pour accordé qu'il soit facile de rester bon époux, bon citoyen, travailleur consciencieux, enfin honnête homme. Il y a d'ailleurs une forte part de vérité dans cette opinion ; car s'il est relativement aisé de se maintenir dans le cadre social, encore a-t-il fallu s'y insérer, et l'insertion exige un effort. L'indiscipline naturelle de l'enfant, la nécessité de l'éducation, en sont la preuve. Il n'est que juste de tenir compte à l'individu du consentement virtuellement donné à l'ensemble de ses obligations, même s'il n'a plus à se consulter pour chacune d'elles. Le cavalier n'a qu'à se laisser porter ; encore a-t-il dû se mettre en selle. Ainsi pour l'individu vis-à-vis de la société. En un certain sens il serait faux, et dans tous les sens il serait dangereux, de dire que le devoir peut s'accomplir automatiquement. Érigeons donc en maxime pratique que l'obéissance au devoir est une résistance à soi-même.

Mais autre chose est une recommandation, autre chose une explication. Lorsque, pour rendre compte de l'obligation, de son essence et de son origine, on pose que l'obéissance au devoir est avant tout un effort sur soi-même, un état de tension ou de contraction, on commet une erreur psychologique qui a vicié beaucoup de théories morales. Ainsi ont surgi des difficultés artificielles, des problèmes qui divisent les philosophes et que nous verrons s'évanouir quand nous en analyserons les termes. L'obligation n'est nullement un fait unique, incommensurable avec les autres, se dressant au-dessus d'eux comme une apparition mystérieuse. Si bon nombre de philosophes, en particulier ceux qui se rattachent à Kant, l'ont envisagée ainsi, c'est qu'ils ont confondu le sentiment de l'obligation, état tranquille et apparenté à l'inclination, avec l'ébranlement que nous nous donnons parfois pour briser ce qui s'opposerait à elle.

Les deux sources de la morale et de la religion, © PUF, p. 12-14

Le geste essentiel de ce texte consiste en un renversement, qui est d'ailleurs bien dans la manière de Bergson : tandis qu'on croit généralement que suivre les prescriptions sociales et morales courantes est ce qui nous demande un effort, Bergson affirme, tout au contraire, que le véritable effort se trouverait du côté d'une initiative consistant à « prendre à travers champs ». Et tandis que nous croyons que donner satisfaction à nos passions, dites « individuelles », serait l'essence même du « laisser-aller », Bergson nous montre au contraire que, dans la plupart des cas, il est relativement facile de leur imposer silence, ou du moins de les contenir dans les limites de ce qui est socialement et moralement acceptable[1]. Et, nous dira Bergson dans le paragraphe qui suit[2], il est certes difficile, parfois, de résister à une inclination ; mais c'est que cette inclination est elle-même ce qui résiste à notre naturel, en lui faisant obstacle ou en l'infléchissant. On rencontre le même genre de « résistance à une résistance » lorsque nous recommençons à marcher au sortir d'une crise rhumatismale : certes, nous avons bien alors un effort pénible à donner, mais contre une situation qui n'est, elle-même, qu'exceptionnelle[3].

---

1. Bergson dénonce, ainsi, bien des poses morales qu'aiment à prendre les hommes. Cf. *Les deux sources de la morale et de la religion*, p. 15-16.
2. *Ibid.*, p. 14-16.
3. Pour cet exemple, cf. *ibid.*, p. 14-15.

Mais en accomplissant ce geste — qu'il n'accomplit pas d'ailleurs sans quelque soupçon à l'égard de ceux qui, « du point de vue pratique », refusent de l'effectuer —, Bergson ne cherche pas à accorder trop promptement une sorte de *satisfecit* aux aspirations d'on ne sait trop quel « moi individuel » : c'est surtout à un renversement radical de la morale kantienne, et des fondements, notamment chrétiens, sur lesquels elle repose — ce qui implique une toute nouvelle évaluation de la nature de l'homme —, qu'il procède. Tout d'abord, le devoir n'est pas une « chose raide et dure » — dont l'origine serait une *transcendance* apparentée à celle du possible —, c'est-à-dire que son accomplissement ne nous procure aucun *mérite* : c'est une récusation de la catégorie de mérite en morale que Bergson opère ici. Ensuite, la morale ne saurait se formuler en termes de *lois*, mais bien en termes de *créations* ; ou plutôt, il faudra désormais distinguer entre deux morales, l'une « close », qui se formule effectivement en termes de lois — mais de lois auxquelles il est relativement aisé d'obéir, et qui n'ont aucune signification prises indépendamment, seul important à la société qu'il y ait des lois en général, qu'il y ait un « tout de l'obligation[1] » —, et l'autre « ouverte », qui n'est jamais donnée, puisqu'elle ne consiste en rien d'autre, précisément, qu'en une exigence de créations toujours singulières : et ce sont ces créations qui réclament l'effort véritable. Enfin, l'homme ne sera plus, par hypothèse, celui qui sera susceptible de faire le mal — celui dont la nature est corrompue —, puisque d'après ses prédispositions, il est, au contraire, enclin à faire le « bien », au sens très précis toutefois où il est enclin à insérer ses actions dans un tissu d'obligations et de comportements moralement et socialement convenables. Ce que Bergson comprend par analogie avec l'instinct et l'habitude[2]. Et c'est toute la théorie politique de l'état de nature qui est à changer, puisque l'État n'est plus censé venir, de l'extérieur, imposer une légalité supportable pour les individus — et « légitime » en ce sens —, à une situation première qui leur serait insupportable : l'homme fait naturellement ce qui est conforme aux exigences de la nature, et c'est un soupçon indu et purement théorique que de supposer le contraire. Point n'est besoin d'amputer l'homme d'une partie de sa liberté pour le faire entrer dans la société, et celle-ci devient un élément de la nature. La distinction passera, à présent, entre une politique close, qui suit les exigences naturelles au sens où elle dresse les sociétés les unes contre les autres pour préparer la guerre[3], et une politique ouverte,

---

1. *Op. cit.*, p. 16-17.
2. *Ibid.*, p. 20.
3. *Ibid.*, p. 292-299.

toujours à venir, qui suit ces mêmes exigences au sens où elle *prolonge* la nature — devenue nature naturante, et non plus nature naturée[1], dans la direction d'une association de toutes les sociétés particulières en une société qui regrouperait l'humanité entière[2].

Dès lors se pose la question du type d'homme qui introduira la création dans la morale, c'est-à-dire qui contribuera à l'édification, jamais définitive, d'une « morale ouverte », celle-ci n'ayant, décidément, plus rien à voir avec la morale comprise comme science de la conformité entre l'action et un bien préexistant : ce type d'homme, d'abord, se caractérisera par sa capacité à passer outre à tout ce qui empêche habituellement l'individu de « prendre à travers champs ». Et ici, Bergson est très spécifique : il s'agit d'une part de la solitude[3], d'autre part de l'ennui[4]. Celui qui ne craint ni la solitude ni l'ennui sera seul capable d'accomplir des actions qui, par l'*imitation* à laquelle elles ne pourront pas ne pas donner lieu, prendront la signification de créations morales. Mais alors, une distinction devient indispensable, et c'est ici que la figure bergsonienne du héros, du saint ou du mystique diffère tout de même de la figure nietzschéenne du créateur de valeurs : la création bergsonienne de valeurs procède d'une *émotion*, c'est-à-dire qu'elle dépose immanquablement sous elle, en tant qu'elle est d'ordre supraintellectuel, une multiplicité de doctrines, c'est-à-dire d'éléments théoriques combinés entre eux par des rapports intelligibles. Le christianisme donne, selon Bergson, un bon exemple d'une telle création : non pas en tant qu'il serait une doctrine pure, ne cessant de se recomposer elle-même, mais précisément au sens où cette doctrine serait uniquement l'*envers* d'un mouvement simple, ce dont témoigne, précisément, l'inquiétude dogmatique de ceux qui le fondèrent et continuent de le refondre[5]. La religion que Bergson appelle « dynamique », et qui se confond avec le mysticisme chrétien, prend ainsi le relais de la « morale ouverte », et achève de préparer le terrain pour une politique ouverte, dans la mesure où le dynamique et l'ouvert bergsoniens procèdent tous deux d'un mouvement créateur qui demande à se continuer, par opposition aux formes qu'il a dû adopter provisoirement et qui ne visent, pour leur compte, qu'à se conserver.

---

1. Pour cette distinction d'origine spinoziste, cf. *op. cit*, p. 56.
2. *Ibid.*, p. 299-306.
3. *Ibid.*, p. 6-11.
4. *Ibid.*, p. 108-109.
5. *Ibid.*, p. 251-255.

La liberté

C'est le moi d'en bas qui remonte à la surface. C'est la croûte extérieure qui éclate, cédant à une irrésistible poussée. Il s'opérait donc, dans les profondeurs de ce moi, et au-dessous de ces arguments très raisonnablement juxtaposés, un bouillonnement et par là même une tension croissante de sentiments et d'idées, non point inconscients sans doute, mais auxquels nous ne voulions pas prendre garde. En y réfléchissant bien, en recueillant avec soin nos souvenirs, nous verrons que nous avons formé nous-mêmes ces idées, nous-mêmes vécu ces sentiments, mais que, par une inexplicable répugnance à vouloir, nous les avions repoussés dans les profondeurs obscures de notre être chaque fois qu'ils émergeaient à la surface. Et c'est pourquoi nous cherchons en vain à expliquer notre brusque changement de résolution par les circonstances apparentes qui le précédèrent. Nous voulons savoir en vertu de quelle raison nous nous sommes décidés, et nous trouvons que nous nous sommes décidés sans raison, peut-être même contre toute raison. Mais c'est là précisément, dans certains cas, la meilleure des raisons. Car l'action accomplie n'exprime plus alors telle idée superficielle, presque extérieure à nous, distincte et facile à exprimer : elle répond à l'ensemble de nos sentiments, de nos pensées et de nos aspirations les plus intimes, à cette conception particulière de la vie qui est l'équivalent de toute notre expérience passée, bref, à notre idée personnelle du bonheur et de l'honneur. Aussi a-t-on eu tort, pour prouver que l'homme est capable de choisir sans motif, d'aller chercher des exemples dans les circonstances ordinaires et même indifférentes de la vie. On montrerait sans peine que ces actions insignifiantes sont liées à quelque motif déterminant. C'est dans les circonstances solennelles, lorsqu'il s'agit de l'opinion que nous donnerons de nous aux autres et surtout à nous-mêmes, que nous choisissons en dépit de ce qu'on est convenu d'appeler un motif ; et cette absence de toute raison tangible est d'autant plus frappante que nous sommes plus profondément libres.

Essai sur les données immédiates de la conscience, © PUF, p. 127-128

Pourquoi terminer par une doctrine qui est établie dès l'*Essai*, et qui, à certains égards, paraît même constituer l'objet du premier livre de Bergson ? D'une part, comme on a pu le constater, la doctrine de la liberté dans l'*Essai* insémine profondément l'ensemble des développements de la philosophie de Bergson, depuis la théorie de l'intuition jusqu'à celle de l'émotion en passant par celle de l'élan vital : elle possède donc un pouvoir d'éclairage *rétrospectif* tel qu'il eût été contraire aux exigences de l'exposition de ne pas le faire jouer. D'autre part et surtout, si le bergsonisme s'est approché, peu à peu, des problèmes *pratiques* que constituent l'émotion, l'histoire ou la création morale, religieuse et politique, alors il est simplement conforme à l'inspiration profonde du bergsonisme, telle qu'elle s'est actualisée dans son mouvement, que d'achever en revenant à la source théorique où ces problèmes se sont alimentés — ou plutôt, où ils ont montré après coup, dans leur nouveauté et leur imprévisibilité mêmes, que cette philosophie s'était alimentée.

Ce texte, qui est un des plus célèbres de l'*Essai* — puisqu'il appartient aux grandes pages qui présentent la notion bergsonienne de liberté —, est en même temps un des plus difficiles du livre. La difficulté tient tout entière à la présence, en son cœur même, de la déclaration selon laquelle se décider « contre toute raison » est « précisément, dans certains cas, la meilleure des raisons » — déclaration qui conduit Bergson à récuser la pertinence de la notion de « motif » lorsqu'il s'agit de liberté. Ou plutôt, elle tient, à un degré supérieur, à ce qu'il soit malaisé, ici, de discerner à *quelle* difficulté, ou à *quel type* de difficulté exactement, nous avons affaire.

La thèse selon laquelle la liberté consiste à battre en brèche à la détermination rationnelle, c'est-à-dire au bien que nous montre avec évidence l'entendement, fut en effet soutenue à l'âge classique, notamment par Descartes. Une telle liberté s'appelait « liberté d'indifférence », c'est-à-dire que c'est la liberté dont nous pouvons faire usage lorsque nous sommes *indifférents* aux divers partis qui s'offrent à nous, lorsque tous nous laissent, pour le dire dans un français plus contemporain encore, *indifférents*. Mais Descartes affirmait, en des textes célèbres, que cette liberté constitue « le plus bas degré de la liberté[1] », parce qu'elle ne nous conduit pas à faire ce que nous concevons comme le meilleur, mais seulement à trancher dans des situations où nous ne savons pas quel

---

1. Descartes, *Quatrième méditation*, AT, IX, 46.

parti prendre, bien que nous percevions la nécessité de prendre un parti. Ou encore, on peut faire usage de cette liberté comme telle, mais seulement dans le but, lui-même considéré par Descartes comme désirable, d'« affirmer par là notre libre arbitre[1] ». La possibilité même d'une telle liberté d'indifférence fut refusée par Leibniz, dans son argumentation contre Locke — car « vouloir vouloir », nous dit Leibniz, conduirait à une régression à l'infini[2]. La liberté d'indifférence fut combattue plus vigoureusement encore, quoique à partir de tout autres présuppositions, par Spinoza[3].

Bergson, lorsqu'il affirme que se décider « contre toute raison » est « précisément, dans certains cas, la meilleure des raisons », retrouve-t-il, purement et simplement, une conception de la liberté d'indifférence ? Loin s'en faut, et c'est précisément ici qu'on peut saisir la nouveauté de la notion bergsonienne de liberté, qui repose justement sur l'idée que le *problème* de la liberté, jusque-là, fut mal posé. *La liberté bergsonienne n'est ni conformité ou opposition à la nécessité rationnelle — position classique du problème de la liberté —, ni opposition à la nécessité naturelle — position kantienne et idéaliste-allemande du problème de la liberté —, mais conformité à soi.* Par cette dernière formulation, il faut entendre, ici, l'*expression*, qui peut dès lors être *plus ou moins* adéquate, de ce que Bergson appelle notre *caractère* ; et celui-ci n'est rien d'autre que notre *histoire*, c'est-à-dire, en termes rigoureusement temporels, notre *passé*, en tant qu'on le lance, dans un moment qui se constitue dès lors comme *présent*, vers l'*avenir*. Que l'on conçoive la liberté comme conformité à l'entendement, avec Spinoza et Leibniz, ou comme opposition à lui, avec un certain Locke et un certain Descartes, cela, selon Bergson, revient au même : on inscrit la liberté au sein d'une antithèse qu'elle ne saurait accepter, puisque notre nature ne se compose pas de deux facultés distinctes — celle de penser et celle de vouloir —, mais d'une continuité processuelle qui étend, au-dessous de notre action, un filet d'espace dont la représentation distincte se nomme intelligence. Et on ne peut pas davantage concevoir la liberté comme infraction à la nécessité causale

---

1. Descartes, Lettre au Père Mesland du 9 février 1645, trad. Alquié, in *Œuvres philosophiques de Descartes*, t. III, Paris : Dunod, coll. « Classiques Garnier », p. 550.
2. Leibniz, *Nouveaux essais sur l'entendement humain*, II, 21, § 23.
3. Spinoza, *Éthique*, Deuxième partie, Proposition XLIX, Scolie.

des lois de la nature, comme Kant[1] ou comme Boutroux[2], lecteur de Kant, l'ont affirmé, quoique de deux manières radicalement différentes, car cela reviendrait soit à entériner la distinction kantienne entre les phénomènes et les choses en soi — distinction qui, en tant qu'elle est transcendantale, suppose une dualité fonctionnelle, inintelligible à Bergson, entre les deux modes par lesquels il nous est donné un accès à la nature, à savoir l'entendement et la sensibilité —, soit à admettre une nécessité naturelle que Bergson, précisément, refuse de concevoir : celle-ci ne pourrait être le fait, à son tour, que d'un entendement dont le pouvoir constitutif serait lui-même, ainsi que nous l'a appris Kant, totalement soustrait à la nature.

Si l'acte libre est celui qui exprime au mieux mon caractère, c'est-à-dire, comme toute notre expérience semble l'attester, celui en lequel je me reconnais le mieux — et dont je suis assuré qu'il fut le mien, seulement le mien, et non pas celui d'un autre —, alors on comprend le sens précis de la récusation, par Bergson, de la problématique du rapport entre la liberté et la rationalité : c'est que la raison est, par essence, la même pour tous, et qu'une action simplement rationnelle ne serait *pas encore mienne*, partant *pas encore libre*. C'est pourquoi Bergson, d'une part, pousse le paradoxe jusqu'à affirmer qu'il y a plus de liberté dans les colères d'Alceste que dans beaucoup de nos conduites apparemment plus sensées. C'est pourquoi, d'autre part, le modèle pertinent pour concevoir l'acte libre devient celui de l'*œuvre d'art*. « Bref, dit en effet Bergson en un passage illustre, nous sommes libres quand nos actes émanent de notre personnalité entière, quand ils l'expriment, quand ils ont avec elle cette indéfinissable ressemblance qu'on trouve parfois entre l'œuvre et l'artiste[3]. » C'est que l'œuvre d'art parvient à joindre ensemble deux dimensions de notre vie que la philosophie a le plus souvent raidi en une antinomie conceptuelle. Quand l'artiste a-t-il le sentiment d'avoir réussi sa plus belle œuvre ? C'est lorsque celle-ci allie une *nécessité*, au sens où aucune de ses parties ne pourrait être supprimée ou placée en un autre endroit, et une *liberté*, au sens où l'artiste croit avoir produit exactement ce qu'il cherchait à produire. L'œuvre est exactement conforme à

---

1. Kant, *Critique de la raison pure*, « De l'usage empirique du principe régulateur de la raison par rapport à toutes les idées cosmologiques ».
2. Boutroux, *De la contingence des lois de la nature* (1874).
3. *Essai sur les données immédiates de la conscience*, p. 129.

son projet, ou plutôt à une impulsion qui demandait à s'actualiser sous forme matérielle, et c'est dans cette mesure qu'on peut dire, de cette œuvre, qu'elle *exprime* son auteur, qu'elle lui « ressemble[1] ».

Mais alors, la liberté bergsonienne contient bien une part de nécessité : c'est ce qu'indique Bergson lorsqu'il écrit, en une image tirée du monde biologique, que l'action libre finit par se détacher de la délibération « à la manière d'un fruit trop mûr[2] ». Pourtant, cette nécessité ne signifie pas, comme on l'a très tôt et trop souvent cru[3], l'asservissement de l'agent à ses déterminations passionnelles et affectives ; elle signifie la processualité d'une poussée qui vient de l'arrière, et qui pourtant, en tant qu'elle ne suppose aucun possible devant elle, est *créatrice* de l'avenir en lequel elle s'introduit. Cette poussée est le temps. Et l'enseignement majeur des artistes, selon Bergson, au moins autant que l'existence d'une réalité aux contours plus sinueux que ne le montre la perception quotidienne[4], c'est sans doute, dès le premier livre, une nouvelle manière de récuser la vieille antinomie de la liberté et de la nécessité ; c'est la possibilité, pour cette poussée qui se caractérise par un certain type de nécessité, de se signaler en même temps par sa liberté.

---

1. On pourra comparer cette analyse à celle que mène Nietzsche à l'aphorisme 213 de *Par-delà bien et mal*.
2. *Essai sur les données immédiates de la conscience*, p. 132.
3. Lévy-Bruhl, recension (parue anonymement) de l'*Essai sur les données immédiates de la conscience* de Bergson, in *Revue philosophique de la France et de l'étranger*, t. XXIX, n° 6, mai 1890, p. 519-538 ; Belot, Gustave, « Une théorie nouvelle de la liberté », in *Revue philosophique de la France et de l'étranger*, t. XXX, n° 10, octobre 1890, p. 361-392. Bergson répond à ces objections dans *Matière et mémoire* (p. 206-208), dans *L'évolution créatrice* encore (p. 47-48), et implicitement dans la lettre à Brunschvicg du 26 février 1903 (in *Mélanges*, p. 585-587).
4. *Le rire*, p. 115-121 ; « La perception du changement », in *La pensée et le mouvant*, p. 152-153.

Vocabulaire

▪ Absolu

Ce terme prend le sens, chez Bergson, de la réalité telle qu'elle est en elle-même. Mais dans la mesure où cette réalité est mouvante, elle est donnée à notre expérience, sans que nous ayons à l'atteindre, dans un geste que Kant nous refuse, derrière les représentations que nous aurions d'elle — si ce n'est, selon Bergson, derrière les représentations spatiales, mais elles ne tissent pas une voile qu'il serait impossible de soulever. Dès lors, il ne s'agira plus de l'« Absolu » comme d'une réalité autre, d'un ordre dont notre expérience commune ne nous donnerait aucune idée ; et il ne s'agira plus de l'absolu en général, mais à chaque fois d'un absolu, c'est-à-dire d'un mouvement singulier qui s'effectue d'une manière telle qu'il nous contraint à forger, pour fixer l'intuition que nous pouvons nous en donner, un concept souple ou individuel.

▪ Analyse

Pendant et antithèse de l'intuition. L'analyse consiste, classiquement, à diviser une chose ou une notion selon ses éléments. Mais Bergson, reprenant ce vocabulaire, remarque que les éléments ne sont pas nécessairement des parties, c'est-à-dire qu'ils ne correspondent pas nécessairement aux articulations naturelles de la chose[1]. Dès lors, il réserve le terme « analyse » pour une démarche, d'essence intellectuelle, qui consiste à diviser arbitrairement la chose, afin de préparer sa recomposition par notre esprit, et surtout notre action sur elle.

▪ Concept

Le concept est, selon Bergson, le produit de notre intelligence. En ce sens, il contient toujours, dans son élaboration, une référence à la spatialité, et c'est dans cette perspective que le philosophe ressaisit les caractères qui ont toujours été attribués au concept, à commencer par la généralité. Mais le concept peut

---

1. « Introduction à la métaphysique », in *La pensée et le mouvant*, p. 190.

également, selon une autre direction de la pensée de Bergson, être assoupli, c'est-à-dire, au risque de l'oxymore, être forgé pour coïncider avec une réalité, et avec elle seule. Il garde alors de la forme générale du concept la capacité à être transposé en mots, ce qui est indispensable à la pratique concrète du philosophe, mais il s'agira dans ces conditions, pour les mots, de se corriger les uns par les autres.

Création

Se distingue tout au tout, chez Bergson, de la création *ex nihilo* dont parle le théisme — comment ne serait-ce pas le cas, dans une philosophie qui nous refuse l'idée de néant ? La création, ici, est continuation, c'est-à-dire qu'elle est prolongement du passé dans le présent, pour en faire surgir un avenir imprévisible. Selon le vocabulaire technique du bergsonisme, la création est actualisation, c'est-à-dire à la fois différenciation et effort.

Devenir

En portant son attention sur le temps, Bergson la porte aussi, nécessairement, sur le devenir. Mais son principal apport à la théorie du devenir est de remarquer que les philosophes, jusqu'à présent, ne sont jamais parvenus à concevoir le devenir radical, puisqu'ils ont toujours, au contraire, pensé le devenir *de quelque chose* qui, pour sa part, demeure immuable. Bergson cherche donc à saisir un devenir qui ne soit à proprement parler devenir de rien, et qui puisse être saisi à partir de lui-même, comme tenant tout entier en lui-même. Ce qui conduit le philosophe, également, à refuser qu'on puisse parler *du* devenir en général : dire « le » devenir, c'est encore se rapporter à lui sur le mode de l'essence, c'est encore en faire de l'être. Il ne peut y avoir que *des* devenirs, ordonnés selon l'échelle de tensions que présente le quatrième chapitre de *Matière et mémoire*.

Durée

Signifie le temps, chez Bergson. Mais le temps conçu comme continu, c'est-à-dire créateur, et hétérogène tout à la fois — par opposition à l'espace, qui est discontinu et homogène —, parce qu'il est un acte, et non une chose ou un milieu. Il s'agit d'un acte de synthèse immanente, par lequel le temps constitue ses propres moments comme tels en les prolongeant les uns dans les autres, c'est-à-dire en les retenant grâce à une mémoire.

Élan vital

Image par laquelle Bergson désigne le mouvement, ou mieux la poussée, qui est immanente à la vie dans son ensemble. En tant que poussée, elle échappe aux catégories téléologiques telles que le but ou la fin, mais aussi aux catégories mécaniques comme la cause. Cette poussée est simple, par opposition aux structures organiques adoptées par les vivants, ces structures constituant autant de « vues » sur l'élan. En tant que simple, l'élan est d'essence psychologique.

Espace, étendue, extension

L'usage des deux derniers termes est variable selon les textes. Tantôt ils désignent la même chose que l'espace, à savoir un ensemble de rapports intelligibles et quantitatifs, à signification pratique, que nous apercevons entre les choses — moyennant toutefois un acte de l'esprit —, tantôt ils renvoient à l'expérience concrète et perceptive de la continuité qui relie tous les objets matériels. Il importe, en tout cas, de distinguer entre ces deux directions de la pensée de Bergson, et de maintenir que la matière, sauf dans certains passages de l'*Essai*, ne saurait s'identifier avec l'espace.

Esprit

Bergson peut parfois désigner par ce terme la durée, en tant qu'elle est le siège des phénomènes conscients, qu'ils soient mémoriels, intellectuels, représentatifs, etc. Il ne s'agit pas alors de la substance radicalement immatérielle, indivisible et soustraite au temps dont parle le dualisme d'inspiration cartésienne que Bergson nomme parfois « spiritualisme », mais d'une substance — au sens, cette fois, d'une étoffe continue — qui est capable, par transitions insensibles et pourtant qualitatives, de se matérialiser, et cela précisément parce que son essence est durée. Ainsi, la « spiritualité » est, selon Bergson, une « marche en avant à des créations toujours nouvelles, à des conclusions incommensurables avec les prémisses et indéterminables par rapport à elles[1] », par opposition à l'inertie et à la répétition qui caractérisent la matérialité. Cette définition est donnée à proximité des pages où Bergson nous engage à voir non pas seulement

---

1. *L'évolution créatrice*, p. 213.

avec les yeux de l'intelligence, « mais avec l'esprit, je veux dire avec cette faculté de voir qui est immanente à la faculté d'agir et qui jaillit, en quelque sorte, de la torsion du vouloir sur lui-même[1] ». Il s'agit alors de l'intuition.

■ Évolution

Présente la même ambiguïté que le terme « création », ou plutôt l'ambiguïté inverse. Il s'agit bien d'une évolution au sens du prolongement et de la ressaisie du passé dans le présent, mais cette ressaisie est précisément la condition à laquelle il peut y avoir de la création, non seulement dans la vie en général, mais aussi dans les vies individuelles et dans les comportements pratiques des hommes. Ainsi, « évolution créatrice » est, à première vue, un oxymore ; à y regarder de près toutefois, on s'aperçoit que les deux termes se conditionnent l'un l'autre.

■ Homogène/hétérogène

Bergson entend, par ce couple notionnel, non pas simplement l'identique et le différent, ou le même et l'autre, mais, d'une part : ce dont toutes les parties sont identiques, donc diffèrent uniquement par le degré, et, d'autre part : ce dont les parties diffèrent au contraire en nature. Il est aisé de voir que le premier terme renvoie à l'espace, le second à la durée. Mais précisément parce que les parties d'espace diffèrent seulement par le degré, Bergson peut procéder à un renversement terminologique qui est corrélatif de son propre usage des termes « homogène » et « hétérogène » : tandis qu'un mathématicien définira volontiers l'espace comme « continu », Bergson le définira au contraire comme « discontinu » — chaque partie d'espace pouvant être séparée idéalement des autres sans changer en nature —, tandis que la durée sera dite continue — au sens où chacun de ses moments ressaisit en lui tous les moments précédents. Ce qui conduit Bergson à dire que l'espace est homogène tout en étant discontinu, et que la durée est hétérogène tout en étant continue. On voit très nettement, ici, que les locutions « tout en étant… » pourraient être remplacées par des « parce que… ».

■ Image

Un des termes qui suscitèrent le plus de perplexité chez les interprètes, notamment dans l'usage qui lui est donné au premier chapitre de *Matière et mémoire*.

---

1. *Op. cit.*, p. 251.

La matière est alors présentée comme un ensemble d'images, ou d'« images en soi », c'est-à-dire qu'elle contiendrait déjà en elle-même la saisie qui en sera effectuée par l'être percevant, donc vivant et agissant (moment « idéaliste » de la théorie de la perception), sans toutefois se réduire à une représentation subjective de celui-ci (moment « réaliste » de la théorie de la perception). En tant qu'elle s'identifie à la matière, l'image s'identifie également au présent, à l'actuel et au conscient (bien qu'elle soit « perçue inconsciemment » avant de l'être « consciemment »). La difficulté devient, dès lors, de nouer ce premier sens de l'image au second sens, plus traditionnel, qu'elle reçoit lorsque Bergson affirme s'exprimer par « images » (l'élan vital est une telle image), c'est-à-dire par présentations lexicales de la chose qui se détournent à dessein de son nom habituel, et détournent du même coup les termes composant l'« image » de leur sens propre. Et Bergson va jusqu'à présenter, dans « L'intuition philosophique » (conférence recueillie dans *La pensée et le mouvant*), l'image médiatrice, c'est-à-dire la représentation imagée que se donne le philosophe d'une réalité donnée, comme l'intermédiaire entre le propos théorique qu'il ne peut pas ne pas tenir et son intuition indivisible.

▪ Immédiat

Bergson présente toujours sa méthode philosophique, depuis le titre de son premier ouvrage *Essai sur les données immédiates de la conscience*, comme un retour à l'immédiat. Mais il faut considérer, avant tout, que l'immédiat n'est jamais ce qui est donné d'abord, le donné se présentant au contraire, le plus souvent, comme recouvert par les sédimentations de notre intelligence, qui ne sont autres que les sédimentations de notre pratique. L'immédiat doit donc être *retrouvé*, et c'est là la fonction de l'intuition. Par immédiat, Bergson entend ainsi la réalité telle qu'elle s'offre à notre esprit, lorsque nous ne cherchons pas à la reconstruire, mais au contraire à épouser son mouvement à chaque fois singulier.

▪ Intelligence

Faculté d'action dont disposent les vertébrés supérieurs, singulièrement l'homme. L'intelligence consiste à découper la réalité selon la représentation de l'espace, afin de nous donner une prise sur elle. Elle implique la réflexion et la capacité d'opérer sur un nombre indéfini d'objets, et c'est pourquoi l'intuition doit elle-même ressaisir certains pouvoirs de l'intelligence, pour les combiner avec ceux qu'elle tient de l'instinct.

■ Instinct

Faculté d'action dont disposent les animaux, exemplairement développée chez les arthropodes (fourmis, abeilles, par exemple). Il est sympathie, c'est-à-dire qu'il livre l'objet même, par un contact immédiat. L'intuition, qui procède de lui, élargit ce contact à d'autres objets que ceux qui lui ont été assignés par la nature.

■ Intensité

Bergson a commencé l'*Essai sur les données immédiates de la conscience* par une critique de la notion d'intensité, réputée bâtarde au sens où elle serait un mixte de celles de quantité et de qualité. Pourtant, c'est un geste frappant du quatrième chapitre de *Matière et mémoire* que celui par lequel Bergson réintroduit la notion d'intensité, mais en un tout autre sens : les différents degrés de tension de la durée mesurent autant d'*intensités de vie* distinctes. Le terme « intensité » désigne dès lors la différence de degré telle qu'elle vient trouver place *au sein de la différence de nature* sans l'annuler, c'est-à-dire les étapes d'un engendrement par soi de ce qui dure. On parle de « degrés intensifs » ou, éventuellement, d'« échelle intensive ».

■ Intuition

Acte, qui est de contemplation et de création tout à la fois, par lequel nous coïncidons, d'une manière toujours partielle et selon des degrés variables, sur un mode qui n'est ni celui de l'accès, ni celui de la reconstruction ou de la représentation, avec une réalité mouvante.

■ Lignes de faits

Séries de faits reliés les uns aux autres par des rapports de similitude ou d'analogie et permettant au philosophe, par le croisement opéré entre différentes lignes, de parvenir à une certitude indéfiniment croissante, c'est-à-dire à une probabilité philosophique, qui n'est pas conçue sur fond de certitude définitive ou d'« adéquation » à la réalité.

Métaphysique

Ce terme a tout d'abord, de même que chez Kant lorsqu'il refuse la possibilité d'une telle « métaphysique », le sens de la science qui nous livrerait la réalité telle qu'elle est en elle-même, indépendamment de tout « modèle » ou reconstruction qu'on pourrait en donner. La métaphysique dont Bergson entend prononcer le renouveau est, nous dit l'« Introduction à la métaphysique », la « science qui prétend se passer de symboles ». C'est-à-dire qu'elle est rendue possible par la découverte de la durée comme simple, par opposition aux vues avec lesquelles la philosophie a toujours, selon Bergson, tenté de reconstituer la réalité. Or, le simple est un absolu : c'est cette prétention à l'absolu, ou plutôt la possibilité une fois avérée de l'atteindre, qui légitime, sous la plume de Bergson, le recours à un terme tel que « métaphysique ». Mais alors, le principal pendant, et la principale antithèse, du bergsonisme, est, au-delà même de Kant, la métaphysique allemande post-kantienne, ou « idéalisme allemand », qui prétendait, elle aussi, rejoindre l'absolu. C'est qu'il s'agit, chez Bergson, d'un absolu qui ne se trouve pas déterminé, à la manière kantienne et post-kantienne, comme chose en soi par opposition aux phénomènes que l'expérience nous fournirait, mais, et ici se trouve le principe de la contestation adressée à l'idéalisme allemand, d'un absolu qui dure. Et cet absolu, puisqu'il constitue une durée qui est création continue d'imprévisible nouveauté, n'existe jamais qu'au singulier : la métaphysique sera une connaissance intuitive des singuliers, et elle élaborera des concepts qui seront eux-mêmes singuliers.

Morale ouverte/morale close

La morale ouverte participe de l'élan que constitue la religion dynamique, c'est-à-dire que son essence est la création, mais la morale close est un ensemble de prescriptions destinées uniquement à conserver les sociétés humaines, déposées sous cet élan, dans la forme qu'elles sont parvenues à se donner. Dès lors, la morale est « close » au sens où elle ne peut jamais concerner qu'une société, et où ses prescriptions, par conséquent, ont pour effet de dresser les sociétés les unes contre les autres. La morale ouverte s'adresse à toute l'humanité.

Multiplicité

Bergson est sans doute le premier philosophe à utiliser ce terme au substantif. La multiplicité se caractérise par sa dualité, que Bergson présente dès le deuxième chapitre de l'*Essai*, en distinguant une multiplicité indistincte ou qualitative, qui est la durée, et une multiplicité distincte ou quantitative, qui est l'espace. Ainsi est souligné, notamment, que la continuité de la durée ne signifie pas indivisibilité absolue, mais seulement indivisibilité selon la quantité.

■ Mysticisme

Le mysticisme, avec lequel s'identifie, chez Bergson, la « religion dynamique », correspond à l'expérience du *contact immédiat*, dont ont parlé certains individus à travers l'histoire, avec un principe qui les dépasserait. Il faut toutefois introduire deux restrictions au sujet de ce « contact », dont on aura compris l'analogie avec l'intuition bergsonienne : d'une part, la coïncidence en laquelle il consiste ne peut jamais être que « partielle[1] ». C'est qu'elle demeure, du moins sous l'aspect qui intéresse Bergson, une relation de connaissance, bien qu'elle soit d'abord émotive ; et c'est que le degré de tension qui caractérise l'âme entrant en contact avec Dieu ne saurait s'identifier avec celui qu'on est en droit d'attribuer à l'impulsion originaire de la vie. Bergson, d'ailleurs, est extrêmement réservé, pour ne pas dire suspicieux, à l'égard des témoignages mystiques : il les examine suivant sa méthode des lignes de faits, mais il s'agit alors de faits qu'on peut mesurer à une certitude absolue, et non pas, comme c'est le cas dans d'autres contextes, à une probabilité véritablement philosophique ; dès lors, ce sont les démarches du juge d'instruction et l'historien, déjà considérées par Bergson dans un texte pourtant bien antérieur aux *Deux sources*[2], qui deviennent appropriées[3]. En second lieu, le contact dont il s'agit est bien *ineffable* : mais, conformément à la doctrine générale que se fait Bergson à propos de l'émotion et de l'intuition, il s'agit alors d'une ineffabilité *par excès* ou *par sucroît*, et non par défaut. L'émotion du mystique est telle qu'elle le contraint à dire énormément, de même que le mouvement dépose sous lui un nombre indéfini de positions. Si le mystique est incapable de dire une bonne fois ce qu'il en est de Dieu, ce n'est pas parce qu'il n'aurait rien à en dire : c'est parce que Dieu, il « n'aura jamais fini d'en parler[4] ».

---

1. *Les deux sources de la morale et de la religion*, p. 233.
2. « "Fantômes de vivants" et "recherche psychique" », in *L'énergie spirituelle*, p. 64-66.
3. *Les deux sources de la morale et de la religion*, p. 255-264.
4. *Ibid.*, p. 267.

Nouveau

Bergson utilise parfois le nouveau au substantif, et en cet usage se marque un apport profond de sa pensée. Celle-ci cherche en effet à concevoir un nouveau qui ne soit pas nouveau par rapport à un ancien, qui ne soit pas relatif à un ancien ou qui ne soit pas un simple nouveau, pour ainsi dire, par ignorance : on peut croire nouvelle une chose dont on ignore les figures anciennes. Il s'agit de penser le nouveau en tant que tel, c'est-à-dire une nouveauté radicale non seulement dans nos états de conscience, mais dans la nature même telle qu'elle se présente à nous. Le nouveau ne saurait être, nous dit Bergson, une simple reconfiguration ou un simple réarrangement de l'ancien : c'est que la pensée procède souvent, lorsqu'elle veut concevoir le nouveau, par une réorganisation d'éléments qui se trouveraient déjà là et sous leur forme définitive, un peu comme l'enfant qui reproduit, en assemblant un puzzle, l'image qui se trouvait sur la boîte. Mais s'il y a une réalité qui est indivisible selon la quantité, c'est-à-dire une réalité qui dure, alors elle ne pourra s'acheminer vers ses formes à venir que par une « refonte radicale du tout[1] », c'est-à-dire par l'élaboration du nouveau.

Religion dynamique/religion statique

Bergson retrouve, au sein de l'histoire des religions, la même opposition qu'entre le mouvement et ses positions. La religion dynamique, identique au mysticisme, est le mouvement même par lequel se continue, au sein de l'univers et de nos vies individuelles, une exigence de création que Bergson nomme Dieu. Au contraire, les diverses religions statiques composent une série de croyances et de pratiques destinées uniquement à conserver l'espèce humaine[2], comprise comme une forme passagère que le mouvement créateur a dû se donner, présentant toutefois le caractère unique de rendre possible, grâce à son intelligence même, la reprise de la « marche en avant[3] ».

Simple/vues

La notion de simplicité est celle par laquelle Bergson se donne un accès théorique à la réalité du mouvement. Mais la simplicité ne constitue pas

---

1. *L'évolution créatrice*, p. 362.
2. Selon trois modalités qui sont indiquées dans *Les deux sources de la morale et de la religion*, p. 124-146.
3. *Ibid.*, p. 49-50, 57.

l'indivisibilité absolue, elle signifie seulement l'indivisibilité selon l'espace. Ainsi, le propre du mouvement d'Achille est tout autant d'être indécomposable dans l'acte même par lequel il s'effectue, que d'être indéfiniment décomposable, en *positions*, par le spectateur de ce mouvement, que Bergson désigne finalement par le terme plus général d'« intelligence ». L'intelligence prend des « vues » sur le mouvement, c'est-à-dire qu'elle adopte successivement différents points de vue sur lui. Et l'image de la vision permet de saisir la nécessaire *extériorité* de la saisie intellectuelle de la réalité, par opposition à l'intériorité de sa saisie intuitive.

■ Tension

Effort, de degré variable, par lequelle la durée opère la synthèse de ses propres moments. C'est selon une échelle de tensions, au quatrième chapitre de *Matière et mémoire*, que se détermine la « série des êtres[1] ».

■ Virtuel/actuel

L'opposition du virtuel et de l'actuel, que Deleuze a largement contribué à dégager du texte bergsonien, vient prendre la place de celle du possible et du réel. À la différence du possible, le virtuel est réel. Il désigne une réalité en voie de réalisation, c'est-à-dire simplement à venir ou ayant déjà commencé à se manifester. En ce sens, il désigne bien l'avenir. Mais le virtuel est également, telle est la doctrine rigoureuse de *Matière et mémoire*, le passé lui-même : dès lors, c'est en tant que nous projetons notre passé à travers le présent que nous créons un avenir, et cela est conforme à l'inspiration, dès le début, de la théorie bergsonienne de l'acte libre. Dans la mesure où il est déjà réel, le virtuel échappe à la double loi du possible, qui est la ressemblance et la limitation : le virtuel ne ressemble pas à l'actuel qu'il actualise, c'est-à-dire que l'actuel se crée au fur et à mesure qu'il se déploie ; et l'actuel ne vient pas limiter le virtuel, c'est-à-dire en réaliser une partie seulement, mais au contraire il est plus riche que lui, en tant qu'il dissocie les tendances que le virtuel contenait à l'état d'implication réciproque et confuse. Le processus d'actualisation constitue par lui-même un effort, et la durée est un tel processus d'actualisation. Enfin, le virtuel, selon l'économie de *Matière et mémoire*, en vient à coïncider, non seulement avec le passé, mais aussi avec le souvenir, l'esprit et l'inconscient, là où l'actuel s'identifie avec la perception, la matière et la conscience représentative.

---

1. *Matière et mémoire*, p. 232.

Bibliographie

Œuvres de Bergson

Essai sur les données immédiates de la conscience (1889), Paris : PUF, coll. « Quadrige », 6ᵉ éd., 1997, 180 p.
Matière et mémoire (1896), Paris : PUF, coll. « Quadrige », 5ᵉ éd., 1997, 280 p.
Le rire (1900), Paris : PUF, coll. « Quadrige », 9ᵉ éd., 1997, 157 p.
L'évolution créatrice (1907), Paris : PUF, coll. « Quadrige », 7ᵉ éd., 1997, 372 p.
L'énergie spirituelle (1919), Paris : PUF, coll. « Quadrige », 5ᵉ éd., 1996, 214 p.
Durée et simultanéité (1922), Paris : PUF, coll. « Quadrige », 1992, 216 p.
Les deux sources de la morale et de la religion (1932), Paris : PUF, coll. « Quadrige », 7ᵉ éd., 1997, 340 p.
La pensée et le mouvant (1934), Paris : PUF, coll. « Quadrige », 6ᵉ éd., 1998, 291 p.
Œuvres (1959), éd. André Robinet, avec une préface de Henri Gouhier, Paris : PUF, 6ᵉ éd., 2001, 1 628 p.
Mélanges, éd. André Robinet, avec la collaboration de Rose-Marie Mossé-Bastide, Martine Robinet et Michel Gauthier, Paris : PUF, 1972, 1 692 p.
Correspondances, éd. André Robinet, Paris : PUF, 2002, 1 705 p.
La première édition critique des œuvres de Bergson sera publiée aux Presses universitaires de France de 2007 à 2011, sous la responsabilité scientifique de Frédéric Worms. En 2007 ont paru l'*Essai sur les données immédiates de la conscience* (éd. Arnaud Bouaniche), *Le rire* (éd. Guillaume Sibertin-Blanc) et *L'évolution créatrice* (éd. Arnaud François).

Études critiques

Nous ne mentionnons ici, et même d'une manière assez restrictive, que les travaux universitaires ou essais directement consacrés à Bergson. Il faudrait ajouter les reprises proprement philosophiques de sa pensée, qu'elles aient pris la forme de ruptures ou d'approfondissements, à commencer par celles qu'on trouve chez Politzer, Bachelard, Scheler, Simmel, Rickert, Merleau-Ponty, Wahl, Jankélévitch, Canguilhem ou Deleuze.

Azouvi, François, *La gloire de Bergson. Essai sur le magistère philosophique*, Paris : Gallimard, coll. « NRF Essais », 2007, 391 p.

Barbaras, Renaud, « Le tournant de l'expérience : Merleau-Ponty et Bergson », in *Philosophie*, t. LIV : *Henri Bergson*, 1er juin 1997, p. 33-59.

Chevalier, Jacques, *Bergson* (1926), nouvelle édition revue et augmentée, Paris : Plon, coll. « Les maîtres de la pensée française », 1941, 356 p.

Deleuze, Gilles, *Le bergsonisme* (1966), Paris : PUF, coll. « Quadrige », 2e éd., 1998, 119 p.

Gouhier, Henri, *Bergson et le Christ des Évangiles* (1962), 3e éd. revue et corrigée, Paris : Vrin, coll. « Bibliothèque d'histoire de la philosophie », 1999, 145 p.

Jankélévitch, Vladimir, *Henri Bergson* (1959), Paris : PUF, coll. « Quadrige », 1999, 299 p.

Miquel, Paul-Antoine, *Bergson ou l'imagination métaphysique*, Paris : Kimé, coll. « Philosophie en cours », 164 p.

Robinet, André, *Bergson ou les métamorphoses de la durée*, Paris : Seghers, coll. « Philosophes de tous les temps », 1965, 191 p.

Soulez, Philippe et Worms, Frédéric, *Bergson* (1997), Paris : PUF, coll. « Quadrige », 2002, 391 p.

Thibaudet, Albert, *Le bergsonisme* (1923), Paris : Gallimard, coll. « NRF », 7e éd., 1924, t. I : 256 p. ; t. II : 253 p.

Vieillard-Baron, Jean-Louis, *Bergson* (1991), Paris : PUF, coll. « Que sais-je ? », 3e éd. corrigée, 2007, 127 p.

Vieillard-Baron, Jean-Louis (éd.), *Bergson. La durée et la nature*, Paris : PUF, coll. « Débats philosophiques », 2004, 167 p.

Vieillard-Baron, Jean-Louis, *Bergson et le bergsonisme*, Paris : Armand Colin, coll. « Synthèse », série « Philosophie », 1999, 95 p.

Worms, Frédéric, « La conception bergsonienne du temps », in *Philosophie*, t. LIV : *Henri Bergson*, 1er juin 1997, p. 73-91, repris in Schnell, Alexander (éd.), *Le temps*, Paris : Vrin, coll. « Thema », 2007, p. 181-203.

Worms, Frédéric, *Bergson ou les deux sens de la vie*, Paris : PUF, coll. « Quadrige », 2004, 360 p.

Worms, Frédéric (éd.), *Annales bergsoniennes*, t. I : *Bergson dans le siècle*, Paris : PUF, coll. « Épiméthée », 2002, 374 p. ; t. II : *Bergson, Deleuze, la phénoménologie*, Paris : PUF, coll. « Épiméthée », 2004, 534 p. ; t. III : *Bergson et la science*, Paris : PUF, coll. « Épiméthée », 518 p.

Worms, Frédéric, *Le vocabulaire de Bergson*, Paris : Ellipses, coll. « Vocabulaire de... », 2000, 63 p.

Worms, Frédéric, *Introduction à* Matière et mémoire *de Bergson*, Paris : PUF, coll. « Les grands livres de la philosophie », 1997, 329 p.